Edith und Gerhard Bössler
Der König der Krieger
Äthiopisches Tagebuch

Edith und Gerhard Bössler

DER KÖNIG DER KRIEGER

Äthiopisches Tagebuch

SCM Hänssler

SCM

Stiftung Christliche Medien

© der deutschen Ausgabe 2011
SCM Hänssler im SCM-Verlag GmbH & Co. KG · 71088 Holzgerlingen
Internet: www.scm-haenssler.de; E-Mail: info@scm-haenssler.de

Soweit nicht anders angegeben, sind die Bibelverse folgender Ausgabe entnommen: Neues Leben. Die Bibel, © der deutschen Ausgabe 2002 und 2006 SCM R.Brockhaus im SCM-Verlag GmbH & Co. KG, Witten. Weiter wurden verwendet: Lutherbibel, revidierter Text 1984, durchgesehene Ausgabe in neuer Rechtschreibung, © 1999 Deutsche Bibelgesellschaft, Stuttgart.
Elberfelder Bibel 2006, © 2006 by SCM R.Brockhaus im SCM-Verlag GmbH & Co. KG · Witten.

Herausgeber: Evelyn Herm und Theo Volland
Umschlaggestaltung: Jens Vogelsang, Aachen
Titelbild: 123rf.com
Bilder im Innenteil: Edith und Gerhard Bössler
Satz: Breklumer Print-Service, Breklum
Druck und Bindung: CPI – Ebner & Spiegel, Ulm
Gedruckt in Deutschland
ISBN 978-3-7751-5320-1
Bestell-Nr. 395.320

Gewidmet unseren lieben Kindern und Enkeln sowie dem früheren Äthiopienmissionar und langjährigen Direktor der Deutschen Missionsgemeinschaft (DMG) Bruno Herm, der uns in unserem Dienst in Äthiopien besonders zur Seite stand.

INHALT

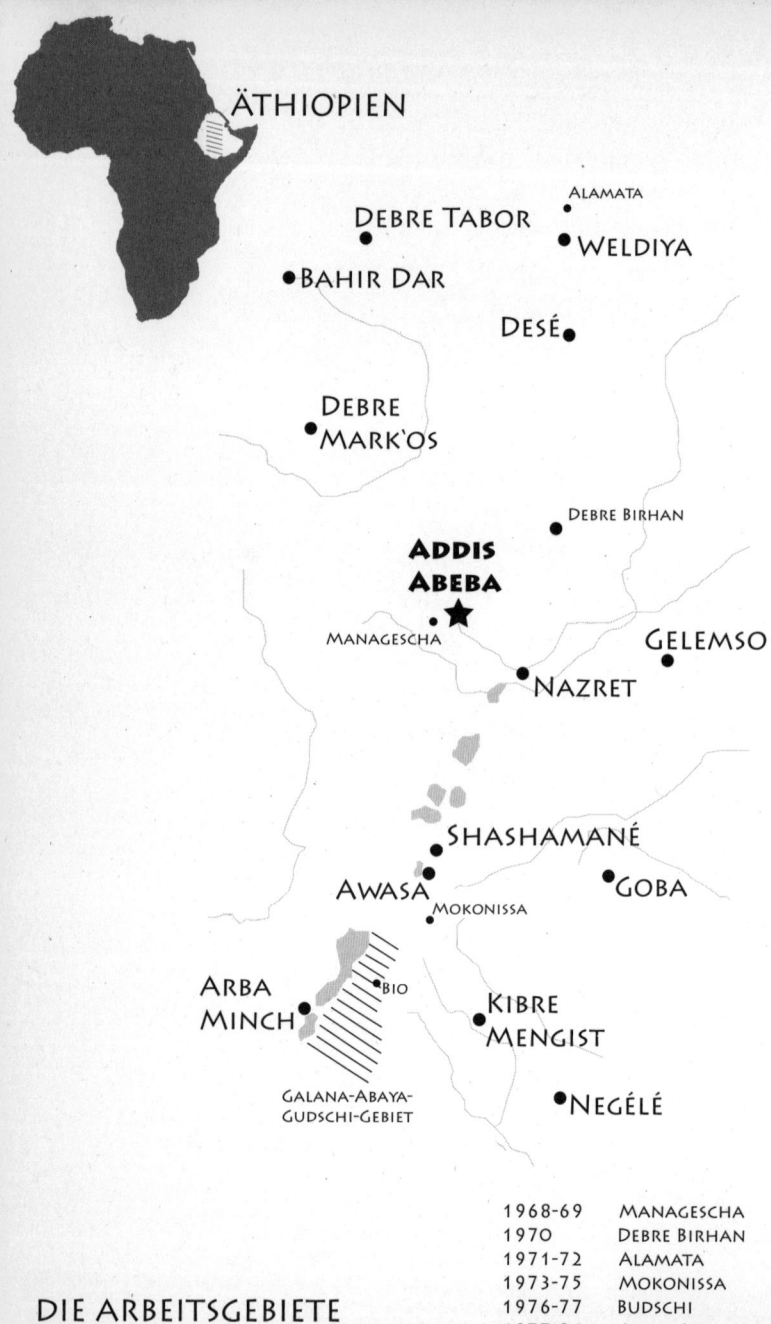

ÄTHIOPIEN

ALAMATA

DEBRE TABOR

WELDIYA

•BAHIR DAR

DESÉ•

DEBRE
MARK'OS

DEBRE BIRHAN

ADDIS
ABEBA

GELEMSO

MANAGESCHA

NAZRET

SHASHAMANÉ

AWASA

GOBA

MOKONISSA

ARBA
MINCH

•BIO

KIBRE
MENGIST

•NEGÉLÉ

GALANA-ABAYA-
GUDSCHI-GEBIET

DIE ARBEITSGEBIETE
DER BÖSSLERS 1968-2003

1968-69	MANAGESCHA
1970	DEBRE BIRHAN
1971-72	ALAMATA
1973-75	MOKONISSA
1976-77	BUDSCHI
1977-84	ADDIS ABEBA
1985-2003	BIO

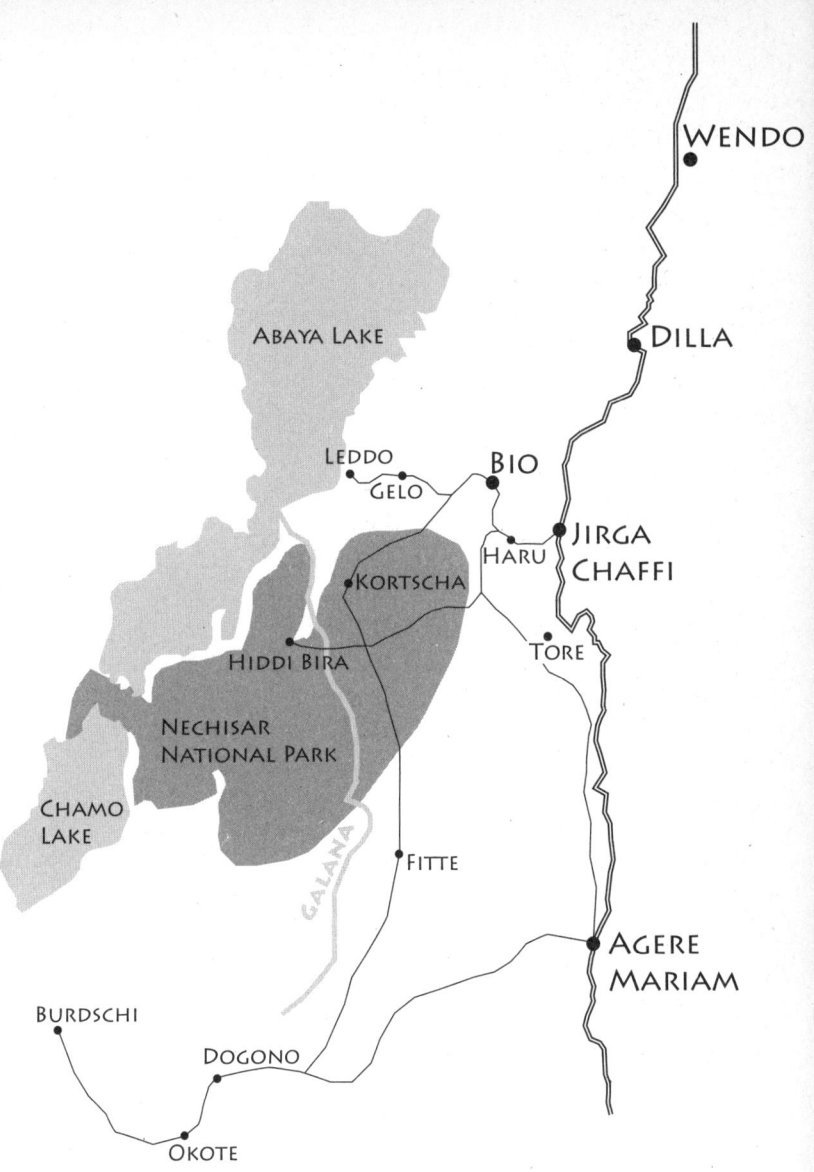

WENDO

DILLA

LEDDO
GELO
BIO
HARU
JIRGA
CHAFFI
KORTSCHA

TORE

HIDDI BIRA

NECHISAR
NATIONAL PARK

GALANA

CHAMO
LAKE

FITTE

AGERE
MARIAM

BURDSCHI

DOGONO

OKOTE

ABAYA LAKE

DAS GALANA-ABAYA-GUDSCHI-GEBIET –
HIER SIND VIELE GEMEINDEN ENTSTANDEN.

VORWORT

Das ostafrikanische Land Äthiopien ist heute vor allem bekannt durch seine exzellenten Langstreckenläufer. Dabei gab es hier eine der frühsten Hochkulturen weltweit, die Paläontologen nennen es die »Wiege der Menschheit«. Ein Land der Freiheit, denn es gilt als der älteste noch heute bestehende Staat weltweit – seit dem 9. Jahrhundert vor Christus. Neben Liberia ist Äthiopien das einzige Land Afrikas, das nicht von den Europäern kolonialisiert worden ist. Ein Land der durstigen Kehlen, denn es steht auch für Dürrekatastrophen, extremes Elend und wirtschaftliche Unterentwicklung.

Äthiopien ist auch das Land der frühen Christenheit: Christen wie der äthiopische Kämmerer, von dem die Bibel in Apostelgeschichte 8 berichtet, machten die Botschaft von Jesus in seiner Heimat bekannt. Es entstanden schon früh lebendige Gemeinden, lange bevor in Mitteleuropa Christus erstmals verkündigt wurde. Ein Land der mutigen Christen: Nachdem der Orient im 8. Jahrhundert vom Islam überrannt wurde, blieben sie ihrem Glauben treu, selbst als alle Nachbarländer islamisch wurden und sie von der weltweiten Christenheit abgeschnitten waren.

Ein Land der vielfältigen Gesichter, denn die Ethnologen zählen mehr als 140 unterschiedliche Völker: semitische, kuschitische, omotische, nilo-sudanische … Einige leben in sehr unzugänglichen Bergregionen und haben bis heute noch nichts von Jesus gehört. Ein Land der geistlichen Aufbrüche und des fröhlich gelebten christlichen Glaubens: In den letzten Jahrzehnten gab es in verschiedenen Kirchen eindrucksvolle geistliche Erweckungen, die zum missionarischen Lebensstil angeleitet haben. Heute sind Hunderte von äthiopischen Missionaren im kulturübergreifenden Einsatz. Viele arbeiten im eigenen Land, andere im Sudan oder Pakistan.

Von einem dieser abgelegenen Völker berichten Gerhard und Edith Bössler, die mehr als 30 Jahre in Äthiopien im Missionseinsatz unterwegs waren, um den Menschen Gottes Liebe umfassend weiterzugeben: Durch berufliche Ausbildung, medizinische Arbeit, Hilfe zur Selbsthilfe, Verkündigung und Seelsorge haben sie stets mit einheimischen Kollegen zusammengearbeitet. In diesem Buch gewähren sie uns Einblick in ihr persönliches Tagebuch. Ihre faszinierenden Berichte lassen uns teilhaben an den Erfahrungen und Gefühlen von Gerhard und Edith Bössler:

Wie sie im Lauf der Jahre zu einem ganz entlegenen Stamm des Gudschi-Volkes (Oromo-Gujji oder -Guji) geführt wurden. Wie sie unter die Wirkung eines Todeszaubers gerieten, der Gerhard Bössler bei einem schrecklichen Autounfall fast das Leben gekostet hätte. Sie erzählen von Gottes Kraft in menschlicher Aussichtslosigkeit. Wie Gott den Menschen dieses Volkes durch uralte Prophezeiungen eine Ahnung ins Herz gelegt und sie auf die erste Begegnung mit Christen vorbereitet hat. Wie die Menschen schließlich ihren uralten Mythos verstanden und sich Gott anvertraut haben. Wie selbstständige Gemeinden entstanden sind, die heute selbst die Frohe Botschaft zu ihren Nachbarvölkern tragen. Heute sind etwa die Hälfte der insgesamt 600 000 Gudschis überzeugte Christen (www.joshuaproject.net). Dieses Buch schildert, wie Gott heute Wunder tut.

Die Autoren berichten nicht nur von ihren persönlichen Abenteuern mit Gott. Sie wollen ihre Leser einladen, selbst Gott beim Wort zu nehmen und Vertrauen zu wagen. Denn Gott ist der Gleiche in Äthiopien und in Europa: Ein mächtiger Gott, der Herzen heilt und neues Leben schenkt.

Dr. Detlef Blöcher
Direktor der Deutschen Missionsgemeinschaft
Im März 2011

60 Jahre

DMG
Deutsche Missionsgemeinschaft

Damit Menschen Gott begegnen …

IM LAND DER
VERBRANNTEN GESICHTER

November 1968. Glutrot geht die Sonne am Horizont auf. Unter uns zur Rechten liegt tiefbraun das weite Land Äthiopien. Im Osten schimmert silbern das Rote Meer. Wir sitzen gemütlich in einer Boeing 707, die wir in Frankfurt bestiegen haben. Bald wird sie in Addis Abeba landen. Was erwartet uns in Äthiopien? Wie wird sich unser kleiner Sohn Michael, er ist gerade mal vier Monate alt, auf die neue Situation in Afrika einstellen? Ein solcher Umzug als Familie auf einen fremden Kontinent ist spannend. Freundliche Kollegen holen uns vom Flughafen ab und fahren uns in die Missionszentrale.

Wir sind erschöpft. Das Packen der Koffer und Tonnen für unseren ersten vierjährigen Missionseinsatz in Äthiopien und das Abschiednehmen von lieben Verwandten und Freunden sind uns an die Substanz gegangen. Nun sind wir in dem Land, das uns Gott gezeigt hat: Äthiopien – das Land der verbrannten Gesichter – so die Bedeutung des Wortes »Äthiopien«. Nun wird Realität, worüber wir seit Jahren gelesen und gehört und was wir mit großer Spannung erwartet haben.

Wir machen einen Spaziergang durch die Straßen der Metropole Addis Abeba. Afrikanische Mädchen und Jungen laufen neben uns her und bitten um ein »Karamella« (Bonbon). Der Straßenverkehr kriecht im Schritttempo dahin. Zwischen den laut hupenden Autos bahnen sich afrikanische Fußgänger kreuz und quer ihren Weg. Plötzlich geht gar nichts mehr. Die Händler haben den ganzen Verkehr zum Stillstand gebracht, als sie mit ihren schwer beladenen Eseln die Straßen überqueren wollten. Ab und zu bleibt auch eines der vielen alten Autos mitten auf der Fahrbahn stehen und wird dann von einer stattlichen Zahl Helfer in die nächste Werkstatt geschoben.

Addis Abeba ist eine schöne Stadt. Aber auch eine Stadt, wo die Not zu Hause ist. Wir sehen so viele Bettler. Menschen mit furchtbaren Verletzungen, entsetzlich entstellte Behinderte, Leprakranke, die uns ihre verkrüppelten Hände entgegenstrecken. Blinde, die um ein Stück Brot betteln. Es zerreißt uns das Herz.

Die nächsten Wochen werden wir auf einer großen Missionsstation im äthiopischen Bergland verbringen. Als Mitarbeiter der Deutschen Missionsgemeinschaft (DMG) betreuen wir in einem Kinderheim unserer Partnermission Serving in Mission (SIM, vormals Sudan Interior Mission) 33 körperlich behinderte Kinder. 17 äthiopische Mitarbeiter helfen uns auf der Farm und mit der Arbeit in den verschiedenen Häusern.

Hier in 2 600 Meter Höhe hält gerade der Frühling Einzug. Die Regenzeit ist zu Ende. Tagsüber gleicht die Witterung den Hochsommertagen in der Heimat. Am Abend jedoch wärmen wir uns gern am offenen Feuer in unserem Haus, denn die Nächte sind kühl. Die meisten unserer Nachbarn wohnen in Rundhütten aus Lehm und Holz mit einem Grasdach; die meisten Familien leben nachts mit ihren Kühen, Ochsen, Eseln und Schafen in einem Raum!

Entlang der Straßen wachsen schlanke, hohe Eukalyptusbäume. Sobald die Dämmerung anbricht, hören wir den Lockruf der Hyänen. Hunde von nahe gelegenen Bauernhöfen antworten auf diese unheimlichen Schreie. Ab und zu hört man, wie sich das Schlagen von Trommeln ins pausenlose Geheul der Hunde mischt. Ist es einmal für einen Moment ganz still, können wir die Termiten hören, die in den Holzwänden unseres Hauses ihre Abendmahlzeit suchen. Es müssen sehr viele sein, denn aus allen Richtungen vernehmen wir leises Knistern. Auch mit Flöhen machen wir immer wieder unliebsame Bekanntschaft. Nach den meisten Besuchen in den Hütten der Einheimischen sind wir übersät mit Flohstichen.

Das äthiopische Essen Indscherra bä Watt schmeckt uns gut. Es besteht aus einem Fladen aus Gerste oder Teff, einer Getreideart so klein wie Grassamen, mit einer scharfen Pfeffersoße. An die Schärfe der Soße müssen wir uns allerdings erst noch gewöhnen. Beim ersten Mal haben wir das Gefühl, alles im Mund würde sich zusammenziehen. Es brennt höllisch.

Auch auf die altertümliche Zeitrechnung der Äthiopier nach dem julianischen Kalender müssen wir uns noch einstellen. Äthiopien ist stolz auf seine besondere Zeit. Ihr Jahr hat 13 Monate, daher der Werbeslogan: Äthiopien – 13 Monate Sonnenschein. Man zählt zwölf Monate zu je 30 Tagen und einen Monat mit fünf, im Schaltjahr sechs Tagen. Nach äthiopischer Zeitrechnung befindet sich das Land gegenüber der übrigen Welt um acht Jahre zurück.

Wir schreiben also das Jahr 1960 bei unserer ersten Ankunft im Land. Nach deutscher (gregorianischer) Zeitrechnung ist es das Jahr 1968. Um Anschluss an die westliche Welt zu ermöglichen, was sowohl Wirtschaftsverbindungen als auch Flugverkehr anbelangt, sieht man oft beide Daten. Am 11. September beginnt für Äthiopien das neue Kalenderjahr.

Auch die Uhr tickt anders. Wenn unser Wecker nach deutscher Zeit um sechs Uhr morgens klingelt, ist das die erste Stunde des äthiopischen Tages. Wenn wir uns um zwölf an den Mittagstisch setzen, ist es nach äthiopischer Zeit sechs Uhr. Auch das gilt es zu lernen.

Wir sind einfach nur glücklich, dass wir Gott und den Menschen in diesem außergewöhnlichen Land Afrikas dienen dürfen. Es ist schon eine besondere Geschichte, wie meine Frau Edith und ich uns gefunden haben und hierher gekommen sind. Daran muss ich in diesen Tagen immer wieder denken. Endlich sind wir gemeinsam im Land unserer Berufung.

VIER WÜNSCHE, HERR

Es war im November 1966 während meiner theologischen Ausbildung am Bibelseminar in Beatenberg, Schweiz. Ein Missionar aus England hielt einen beeindruckenden Vortrag. Plötzlich wurde ich unruhig. Irgendwie hatte ich das Gefühl, dass Gott direkt mit mir redete. Auf einmal war ich mir ganz sicher: Gott wollte, dass ich ihm in Äthiopien diene. Das war mehr als nur ein Gefühl, der Heilige Geist selbst bewegte mich, sprach mich an. In derselben Missionsstunde berief Gott unabhängig von mir auch meine spätere Frau Edith Roth in den gleichen Dienst – aber das erfuhr ich erst später …

Schon lange betete ich regelmäßig dafür, dass Gott mir einmal eine Frau schenkt, die in Beatenberg ausgebildet, nach Äthiopien berufen, Krankenschwester und eine Schweizerin ist. Im Februar 1967 begegnete ich in London in einer Bibelstunde Edith Roth. Es war während meiner Vorbereitungen für den Missionsdienst, denn Englischkenntnisse waren auch damals schon eine wichtige Voraussetzung für einen längeren Dienst im Ausland. Es dauerte nicht lange, bis ich entdeckte, dass Edith genau die Frau war, die alle meine Wünsche und Gebetsanliegen auf einmal erfüllte. Ich freute mich sehr über dieses hübsche Geschenk Gottes.

Im Sommer 1967 heirateten wir in der Baptistengemeinde St. Gallen. Und im Oktober 1968 reisten wir mit unserem Sohn Michael zum ersten Mal als DMG-Missionare nach Äthiopien aus. Was unser himmlischer Vater im Lauf der Zeit aus diesem kleinen Anfang gemacht hat, erstaunt uns bis heute immer wieder aufs Neue …

ROHE ERBSEN
UND GEWÜRZNELKENKAFFEE

Februar 1969. Ein Mitarbeiter, Ato (Herr) Berhano, lädt uns in seine Hütte ein. Er ist ein Vater von vier Kindern und wohnt auf der anderen Seite des Berges in einem Tukul (Rundhütte) aus Lehm mit Grasdach. Um die Hütte ist alles sauber gefegt. Ato Berhano wartet schon an der Tür auf uns – in einem strahlend weißen Oberhemd und neuen Jeans. Die Begrüßung ist herzlich, ganz nach äthiopischer Art: »Wie geht es euch? Wie geht es euren Kindern, euren Eltern …?« In gleicher Weise erkundigen wir uns nach dem Wohlbefinden seiner Familie. Für diese Art Begrüßung muss man sich Zeit nehmen.

Wir sollen eintreten. Es dauert etwas, bis wir uns an das schwache Licht in der Hütte gewöhnt haben. Sie ist gemütlich und warm. Die Wände aus Lehm sind mit Zeitungspapier beklebt. Sie scheinen einmal weiße Farbe gesehen zu haben, die sich im Laufe der Jahre jedoch abgenutzt hat. Das Zeitungspapier verdeckt die Mängel. Ato Berhanos Frau Alemas bewirtet uns freundlich mit rohen Erbsen und Gewürznelkenkaffee. Bis sie uns den herrlich duftenden Kaffee einschenkt, vergeht fast eine Stunde. Um Kaffee zu kochen, braucht man Zeit hier.

Die äthiopische Kaffeezeremonie ist etwas ganz Besonderes. Zuerst wäscht Alemas die grünen Kaffeebohnen. Dann röstet sie sie über dem offenen Feuer. Die Schalen der Bohnen lösen sich und werden entfernt. Wenn die Kaffeebohnen die richtige Farbe haben, zerstampft sie sie in einem Holzmörser zu Pulver. Das Kaffeepulver füllt sie in den dafür vorgesehenen Tontopf mit einer Tülle, gießt Wasser dazu und lässt den Kaffee einige Minuten über dem offenen Feuer kochen. Jetzt schmeckt sie ihn mit Gewürznelken und viel Zucker ab und serviert ihn uns in kleinen henkellosen Porzellantassen mit hübschen Motiven. Die Kaffeezeremonie ist ein wesentlicher Bestandteil des sozialen und kulturellen Lebens in Äthiopien. Äthiopien ist stolz darauf, das Ursprungsland des Kaffees zu sein. Seinen Namen hat der Kaffee von Kaffa, einer Provinz des Landes.

Der Kaffee schmeckt nicht schlecht, er ist nur etwas gewöhnungsbedürftig. Dazu essen wir rohe Erbsen. Selbstverständlich mit der rechten Hand, die linke dient anderen Zwecken.

Ato Berhanos Frau Alemas bleibt scheu im Hintergrund, gießt ab und zu etwas Kaffee nach und verschwindet wieder. Sie ist bildhübsch, hat einen hellbraunen Teint und feine Gesichtszüge. Ihre Haare sind zu vielen kleinen, anliegenden Zöpfen geflochten. Zu Ehren der Gäste trägt sie ihr schönstes Kleid, die Shemma. Es ist weiß, aus feiner Baumwolle gewebt, mit einer prachtvollen bunten Borte. Um den Kopf hat sie ein Tuch gewickelt, die Netella, aus dem gleichen Stoff mit Borte, passend zu ihrem Kleid.

Zum Glück spricht Ato Berhano Englisch, sodass wir uns unterhalten können: »Ich freue mich sehr, dass ihr nach Äthiopien gekommen seid«, beginnt er lachend. »Wir freuen uns auch«, bestätige ich. »Wir möchten euch helfen und den Menschen hier die beste Botschaft der Welt bringen, die Botschaft von Jesus.« Seine Augen strahlen: »Dann gehen wir den gleichen Weg.«

Es ist gut, Freunde zu gewinnen. Nur gemeinsam kann es uns gelingen, dem Auftrag Gottes nachzukommen und ganz in die äthiopische Kultur einzutauchen, um Menschen zu helfen und ihnen die Frohe Botschaft weiterzugeben.

Auf dem Rückweg kommen wir an Höhlen von Hyänen und Stachelschweinen vorbei. Diese Tiere sind nur in der

Nacht aktiv und manchmal auch gefährlich. Viel gefährlicher jedoch sind die mannigfaltigen Krankheiten in diesem Land. Edith hat als Krankenschwester vielfältige Möglichkeiten, den Menschen zu helfen.

An einem Abend wird Edith selbst plötzlich krank. Sie hat Schüttelfrost und ist kreidebleich, dann wird sie bewusstlos. Ich bringe sie ins Krankenhaus und bitte im stillen Gebet Gott um Hilfe. Soll unser Einsatz so schnell zu Ende sein? An jenem Abend haben sicher auch viele Freunde in der Heimat für uns gebetet. Denn eineinhalb Stunden später ist Edith wieder bei Bewusstsein. Der Arzt kann nichts mehr feststellen. Die Äthiopier sind sprachlos. *Oh Herr, danke, dass du mir meine Frau erhalten hast. Du stehst uns zur Seite.* Wir haben nie genau erfahren, was es für eine Krankheit gewesen ist. Gott hat an Edith an diesem Abend seine Kraft und Allmacht offenbart. Gott tut Wunder, auch heute noch.

OSTERN IN ÄTHIOPIEN

Mai 1969. Wir feiern Ostern in Äthiopien. Äthiopien hat eine lange christliche Geschichte, seit dem 4. Jahrhundert gilt Äthiopien als eine der ersten christlichen Nationen (siehe auch Anhang zur Geschichte Äthiopiens von Hans Hagen). Es hielt sich aber von der übrigen christlichen Welt weitgehend distanziert. Bis zur Revolution 1974 war die koptisch-orthodoxe Kirche Staatskirche. Fast zwei Drittel der Bevölkerung gehören dieser Kirche an. Umgeben von islamischen Völkern hat das Land uralte christliche Traditionen bewahrt.

In der koptischen Kirche ist das Osterfest von großer Bedeutung. Manche Menschen können es fast nicht erwarten. Am Ostermorgen dürfen sie nach zweimonatigem Fasten endlich wieder Fleisch und Fisch zu sich nehmen. Alles in der Hauptstadt Addis Abeba wartet gespannt, bis in der Osternacht um drei Uhr lautstark 21 Kanonen-Schüsse abgefeuert werden. Schon Tage vorher haben die Einwohner Tiere, Eier und Butter gekauft. Die Hausfrauen sind damit beschäftigt, besonderes Brot und scharfe Soßen zuzubereiten. In den meisten Häusern gibt es ein Festessen nach den besonderen Ostergottesdiensten.

Im Inland wird das Osterfest weniger imposant gefeiert, hat aber eine ebenso große Bedeutung für die Anhänger der koptischen Kirche.

Am Sonntag werden wir von den Eltern unseres einheimischen Mitarbeiters Mamo zu ihrem Oster-Festessen eingeladen. Gastfreundschaft wird hoch geachtet in Äthiopien. Mit Ato Mamos Familie sind wir besonders verbunden, denn wir haben Mamo einmal geholfen, als er sich wegen eines Autounfalls in einer schwierigen Lage befand. Mamo kommt gern in unsere Gottesdienste. Er hat sich eine Bibel gekauft, die er immer ganz stolz in die Gemeinde mitbringt. Abends beten wir für ihn, dass er den auferstandenen Herrn Jesus Christus eines Tages persönlich erfährt ...

IN DER SPRACHSCHULE

Februar 1970. Um die Landessprache Amharisch noch besser zu erlernen, müssen wir unsere Arbeit im Kinderheim zurücklassen, um acht Monate die Sprachschule zu besuchen. Amharisch ist die offizielle Amtssprache Äthiopiens. Daneben gibt es noch mehr als 80 weitere Sprachen und 200 Dialekte. Amharisch ist eine Silbensprache mit 234 Schriftzeichen, das ist nicht einfach.

መጽሐፍ ቅዱስ

»Das heilige Buch« in äthiopischer Schrift

Unsere Sprachschule liegt in dem kleinen Bergdorf Debre Birhan, 130 Kilometer nördlich der Landeshauptstadt Addis Abeba auf einer Höhe von etwa 2 800 Metern. Die Land-

Die Sprachschule

schaft hier ist atemberaubend. Von der Sprachschule aus sieht man in der Ferne einen gewaltigen Canyon. Schmale Fußpfade führen durch trockenes Grasland dorthin, nur unterbrochen von Geröll und einzelnen Büschen.

Der Ort Debre Birhan zieht sich entlang einiger unbefestigter Schotterstraßen und einer geteerten Hauptstraße, an denen sich niedrige Häuser mit Wellblechdächern reihen. Dazwischen stehen aus Lehm gebaute Rundhütten mit Grasdächern. Hoch über den Dächern kreisen Aasgeier. Vom Nachbargehöft hören wir die heiseren Rufe schwer beladener Esel. Kaum ist es dunkel, ertönen die unheimlichen Schreie der Hyänen. Sie halten Ausschau nach Schafen und Rindern auf der Straße, die noch nicht in der Sicherheit der Häuser sind.

Schlanke Eukalyptusbäume schmücken die kleine Stadt. Wenn sie ausreichend Regen bekommen, wachsen sie schnell. Und sie haben noch etwas Gutes: Wer Schnupfen hat, steckt sich gern ein Eukalyptusblatt in die Nase, das macht die Nase wieder frei. Tagsüber wird es je nach Jahreszeit richtig heiß, aber nachts kühlt es stark ab. Da benötigt man solche Medizin, direkt vom Baum.

Das zahlreiche Ungeziefer macht uns besonders zu schaffen. Gestern Abend nach einem Besuch in einer Hütte zählten wir bei unserem Sohn Michael mehr als 100 Flohbisse.

Die Zeit in Debre Birhan vergeht wie im Flug. Mit Gottes Hilfe können Edith und ich das Sprachexamen zwei Monate früher als normal gut abschließen. Wir sind sehr motiviert, die Sprache in einer neuen Arbeit einzusetzen und Äthiopiern zu helfen.

ALAMATA – AUGE IN AUGE MIT EINER KOBRA

März 1971. Unser nächster Einsatzort ist Alamata, ein Dorf etwa 620 Kilometer nördlich von Addis Abeba an der Hauptstraße nach Asmara (heute Eritrea) gelegen. Das Dorf befindet sich auf einer Höhe von 1600 Metern, etwa 1000 Meter tiefer als die Hauptstadt. Hier wird es in der Trockenzeit oft unerträglich heiß. Das Land ist staubig. Ein paar Dornbüsche kämpfen ums Überleben. Schirmakazien gewähren wohltuenden Schatten für Reisende und Hirtenkinder mit ihren Schaf-, Ziegen- und Rinderherden. Was für ein Unterschied zu Debre Birhan!

Die Gegend ist der ideale Lebensraum für Skorpione und alle Arten von Schlangen. Als ich einmal in ein WC-Häuschen mit Plumpsklo gehen will – ich stehe direkt vor der Tür – richtet sich innen plötzlich eine Kobra vor mir auf. Wie erstarrt bleibe ich stehen und bewege mich nicht mehr. Da schließt ein leichter Wind langsam die Tür vor mir. Die Schlange ist innen, ich draußen in Sicherheit. Ist es ein Engel gewesen, der die Tür vor mir zugestoßen hat? Wenn ich mich auf diesen kurzen Abstand schnell bewegt hätte, dann hätte die Schlange mit Sicherheit zugebissen. Ehe eine Kobra über ihr Opfer herfällt, spuckt sie ihm Gift in die Augen, was direkt zur Erblindung führen kann. Ich freue mich über meinen himmlischen Vater, der mich in dieser gefährlichen Situation wunderbar bewahrt hat.

In Alamata wohnen etwa 4600 Leute in mehr als 1600 Hütten: 2600 Frauen und 900 Männer, der Rest sind Kinder und Jugendliche. Zwei Drittel der 1600 Gras- und Well-

Mit den Evangelisten

blechhütten sind Frauenhäuser, sagt man uns. Weil Alamata an der Hauptstraße in den Norden liegt, blüht hier die Prostitution. Toiletten gibt es in diesem Ort so gut wie keine und das Wasser ist knapp. Deshalb wird diese Gegend öfters von Epidemien und Krankheiten heimgesucht.

Das Wohnhaus für Missionare ist einfach, aber solide gebaut und passt mit seinem grünen Anstrich schön in die Landschaft. Die Missionare, die vor uns da waren, haben alles in gutem Zustand hinterlassen. Elektrizität gibt es nicht. Dafür sorgen ein paar Öllampen am Abend für ein bisschen Licht und Gemütlichkeit in den Räumen.

Eines Tages erkranke ich an einer schweren Bazillenruhr. Ich fühle mich elend, total ausgelaugt. Fragen gehen mir durch den Kopf. Werden wir das Missionarsleben in Äthiopien gesundheitlich verkraften? Werden wir durchhalten? Werden wir diese Menschen, die so fest in ihren alten Traditionen und im Geisterglauben verankert sind, wirklich zu Jesus führen können? Sind wir überhaupt zu so einem

Dienst fähig? Während ich mich absolut schwach fühle, gehen meine Gedanken zurück zu einer Zeit, in der ich schon
einmal am Ende meiner Kräfte war. Plötzlich sehe ich alles
wieder genau vor mir, als sei es erst gestern gewesen...

IM TODESZIMMER

Es war im Juni 1957. Als 18-Jähriger spielte ich in einer Handball-Auswahlmannschaft in einem Länderspiel gegen die Schweiz. Nach dem Spiel wurde ich sehr krank. Der Arzt stellte ein Nierenproblem fest. Man lieferte mich ins Loretto-Krankenhaus in Freiburg ein. Die Ärzte waren besorgt. Meine linke Niere musste entfernt werden. Sie operierten mich. Danach traten schwere Komplikationen auf. Es wurde immer schlimmer, schließlich gaben die Ärzte mich auf. Sie ließen mein Bett in das Zimmer schieben, wo man auf den Tod wartete.

Ich hatte nur ein Kirchengesangbuch bei mir, in dem ich besonderen Trost durch die Lieder von Paul Gerhardt fand. Ernstlich fing ich an, Jesus um Hilfe zu bitten.

Eines Nachts hatte ich einen seltsamen Traum. Ich sah, wie eine dunkle Macht meinem Leben ein Ende bereiten wollte. Es war furchtbar. Dann erschien eine helle Gestalt wie ein Engel und befreite mich. Was hatte dieser Traum zu bedeuten? Wollte Gott mir mein Leben noch einmal schenken? Schweißgebadet wachte ich auf. Es war in jener Todeskammer, als ich, schon fast bewusstlos, meiner Mutter Trost zusprach: Sie saß an meinem Bett und weinte. »Mutter«, flüsterte ich, »Gott ist da. Im Leben und im Sterben. Er hat mir seine Hand gereicht und ich halte sie fest. Ganz fest, Mutter.« Dann dämmerte ich wieder dahin vor Schwäche.

Langsam erholte ich mich und wurde wieder gesund. Nach einigen Monaten durfte ich das Krankenhaus verlassen. Kurz nachdem ich heimkam, war eine Zeltevangelisation mit Ernst Krebs in meinem Heimatort Meißenheim, nicht weit weg von meinem Elternhaus. Das interessierte mich, schließlich hatte ich im Krankenhaus ein Erlebnis mit einer geheimnisvollen Lichtgestalt gehabt. Eines Abends geschah etwas, das meinem Leben eine völlig neue Richtung geben sollte. Plötzlich sprach Gottes Wort aus der Bibel so deutlich zu mir, dass ich Jesus mein ganzes Leben hinlegte. Er schenkte mir die volle Vergebung meiner Sünden und ewiges Leben. Von einem Moment auf den anderen füllte er mich mit einer Freude, wie ich sie nie zuvor gekannt hatte.

Beim Lesen der Bibel merkte ich bald, dass Jesus einen besonderen Auftrag für mich hatte. Ich war damals in der Ausbildung als Angestellter der mittleren Beamtenlaufbahn bei der Bahn. Kurzerhand meldete ich mich für ein Gespräch bei Ernst Krebs an, der mir den Weg zu Christus gezeigt hatte.

Begeistert erzählte er mir von seiner theologisch-missionarischen Ausbildung am Bibelseminar Beatenberg in der Schweiz. Ich war sehr motiviert, bewarb mich und absolvierte dort von 1962 bis 1966 die biblische Ausbildung ... eine Investition, die sich lohnte.

Eine vertraute, liebevolle Stimme reißt mich jäh aus meinen Erinnerungen. Es ist die beste Krankenschwester der Welt – meine Edith. Sie bringt mir eine Tasse Tee. Nach ein paar Tagen spüre ich eine deutliche Besserung. Noch etwas geschwächt mache ich mich wieder an die Arbeit, den Menschen hier die schönste aller Botschaften zu bringen: »Denn Gott hat die Welt so sehr geliebt, dass er seinen einzigen Sohn hingab, damit jeder, der an ihn glaubt, nicht verloren geht, sondern das ewige Leben hat« (Johannes 3,16).

DAS GRÖSSTE WUNDER

Juli 1972. Der Dienst in Alamata fordert uns sehr heraus, aber mit Gottes Hilfe gelingt es uns, die Arbeit in Gang zu bringen. Seit einigen Wochen halten wir jeden Abend in einem andern Haus Bibelstunden ab. Zwei äthiopische Evangelisten (einfache Pastoren) ergänzen unser Team. Sie reisen mit ihren Pferden in die umliegenden Dörfer, um auch den Menschen dort von Jesus weiterzusagen. Hunderte hören die Frohe Botschaft.

In drei Dörfern rund um Alamata werden wir für regelmäßige Versammlungen eingeladen. 15 Leute bekennen sich bereits offen zu Jesus. Ein Wunder in dieser von Zauberei und Aberglaube beherrschten Region.

Zwischen Alamata und den Bergen liegt ein 15 Kilometer tiefer Dschungel, den niemand gern durchqueren will. Gefährliche Schlangen und Schwärme von Moskitos, die Malaria übertragen, halten sich im Dickicht versteckt. Auch Banden von Dieben und Mördern finden im Urwald ein hervorragendes Versteck. Die Dörfer, in denen wir arbeiten, erstrecken sich bis zu jenem Wald. Oft überfällt uns die Angst, aber immer wieder ermutigt uns Jesus. Uns ist klar, er will, dass wir weitermachen. In der Bibel lesen wir: »Ich habe euch das alles gesagt, damit ihr in mir Frieden habt. Hier auf der Erde werdet ihr viel Schweres erleben. Aber habt Mut, denn ich habe die Welt überwunden« (Johannes 16,33).

Vor zwei Tagen sind wir beim Besuch in einem der Dörfer von einem schweren Tropenregen überrascht worden. Das ausgetrocknete Flussbett schwillt zu einem reißenden Strom an und schneidet unseren Rückweg ab. Nach einem zweistündigen Ritt entlang der Wasserfluten erreichen wir am späten Abend völlig durchnässt ein Dorf. Freundliche Leute nehmen uns auf. Von der Freundlichkeit und Gastfreundschaft der Äthiopier können wir aus Europa uns auf jeden Fall noch eine Scheibe abschneiden.

Während wir unsere Kleider am offenen Feuer trocknen, erzählen wir der Familie und einigen Nachbarn von Jesus. Die kleine Hütte platzt aus allen Nähten. Unsere Gastgeber sind begeistert von der christlichen Botschaft und können nicht genug davon hören. Auch die Kuh und die drei Ziegen, die ebenfalls in der Hütte übernachten, hören mit zu. Gegen Mitternacht, kurz bevor wir aufbrechen wollen, steht einer der Männer auf und sagt sich von seinen Bindungen an Satan los, um Jesus in sein Leben einzuladen. Nachdem wir mit ihm gebetet haben, ziehen wir trotz nasser Kleider todmüde, aber fröhlich nach Hause. Wie schnell sind die Strapazen der letzten Stunden vergessen. Wir staunen darüber, was Gott getan hat. Es ist ein Wunder, wenn Menschen neu werden durch den Glauben an Jesus Christus. Hier erleben wir das täglich, was für ein Geschenk.

Das größte Wunder: Entscheidung für Jesus!

EDITHS KLEINES
MISSIONSFELD

Wir waren im Heimataufenthalt in Deutschland und der Schweiz. Nun sind wir wieder zu Hause, zurück in Äthiopien. Viele wertvolle Begegnungen haben den Heimataufenthalt bereichert. Besonders unsere Eltern freuten sich, endlich unsere inzwischen drei weiteren Buben, Andreas, Samuel und Stephan, kennenzulernen, die sie noch nicht gesehen hatten, und an unserem Ältesten, Michael.

Edith hat alle Hände voll zu tun mit den vier Kleinen. Das ist jetzt ihr Missionsfeld – nicht weniger bedeutsam als meines. Es ist unser Wunsch, dass Jesus die Mitte unseres Familienlebens ist und wir ihn unseren Kindern lieb machen können.

Sommer 1973. Erneut werden wir versetzt. Diesmal in den Süden Äthiopiens nach Mokonissa, einem kleinen Ort in der Provinz Sidamo, wo wir dringend erwartet werden. Wieder heißt es, sich zu verabschieden von lieb gewonnenen Menschen und einzustellen auf neue Beziehungen. Unsere Aufgabe hier ist, in einem Bibelseminar äthiopische Pastoren und Evangelisten für ihren oft harten Dienst in ländlichen Gegenden zu schulen. Wir freuen uns darauf.

In Mokonissa wartet eine blühende Gemeindearbeit auf uns. Die Christen hier brauchen dringend eine schulische Ausbildung und Bibelunterricht, damit sie die Bibel besser verstehen können. Viele Äthiopier können nicht lesen und schreiben. Unsere Grundschule mit vier Klassen und fast 200 Schülern hat bereits begonnen. 130 der Kinder sind in der ersten Klasse. Der arme Lehrer hat alle Hände voll zu tun. Er geht nicht zimperlich mit der Strafe um, wenn ein Schüler den Unterricht stört oder eine Frage nicht beantworten kann. Das macht uns ein wenig zu schaffen.

DIE OHNMACHT
DER SCHAMANEN

Eines Tages begegnen wir einem der ersten Christen in dieser Gegend, Ato Demeke. Er ist ordentlich gekleidet, trägt ein sauberes, blauweiß gestreiftes Oberhemd und Jeans. Sogar richtige Lederschuhe, die allerdings schon bessere Tage gesehen haben. Ato Demeke lädt uns in sein kleines, sauberes Haus mit Lehmwänden und Blechdach ein. Bei einer Flasche Cola, hier ein Festtagsgetränk, erzählt er uns seine beeindruckende Lebensgeschichte:

Kurz nach seiner Heirat wird Ato Demeke querschnittsgelähmt. In seiner Gegend sieht man eine solche Krankheit in der Regel als eine Strafe aus der Geisterwelt an. Deshalb opfert Demeke dem Zauberdoktor fünf Jahre lang viel Kaffee, Getreide und Tiere. Dies alles bringt ihm jedoch keine Hilfe. Er wird nur immer ärmer und frustrierter dabei. Ein typisches Schicksal, das zeigt, wie die Abhängigkeit von den Geistern die Menschen hier knechtet.

Eines Tages hört Demeke, dass Missionare in seine Gegend gekommen sind. Sie behaupten: Jeder, der an den Sohn Gottes glaubt, kann gerettet werden. In der amharischen Sprache bedeutet das Wort Rettung auch Heilung. Demeke ist zwar der neuen Religion gegenüber ziemlich misstrauisch, aber Heilung für seine Krankheit will er um jeden Preis. Schließlich willigen seine Freunde ein, ihn ins Missionskrankenhaus in der nächstgrößeren Stadt Dilla zu transportieren, zwölf Stunden Fußmarsch. Bei den Christen dort sagt er sich bewusst von seinem alten Leben los und nimmt Jesus an. Plötzlich spürt er, wie wieder Leben in seine Beine kommt. Er kann sie bewegen. Zunächst denkt er, das sei ein neues böses Spiel der Geister. Aber es ist tatsächlich so: Demeke kann wieder laufen. Erst langsam, dann immer besser. Er ist außer sich vor Glück. Gott hat ihn geheilt.

Voller Freude kehrt er in sein Dorf zurück, um jedem zu erzählen, was Gott an ihm getan hat. Seine Familie und einige Nachbarn sind so überwältigt von Gottes Macht, dass sie sich ebenfalls Jesus zuwenden. Eine kleine christliche Gemeinde entsteht.

Bald nach Demekes Heilung wird sein Glaube schwer geprüft. Demekes jüngstes Kind stirbt an einer schweren Krankheit. Die Dorfältesten verbieten ihm, das Kind am Ort zu begraben, mit der Begründung: »Du und deine Christenfreunde, ihr gehört jetzt nicht mehr zu uns!« Und sie gehen noch weiter in ihrer Wut über Demekes Abkehr von der Stammesreligion. Am nächsten Morgen sind Demekes Kaffeebäume, sein Hauptverdienst, allesamt umgehauen. Und auch das Haus seiner Mutter ist völlig zerstört.

»Flieh!«, warnen ihn seine Freunde. »Die Leute wollen dich umbringen. Sie sagen, du hättest Satan verärgert, und er werde sie alle strafen, solange du lebst.« Demeke überlegt. Er fastet und betet. »Ich will nicht fliehen«, sagt er schließlich seiner Frau und in der Gemeinde. »Jahrelang war ich ein Gefangener der bösen Mächte. Sie haben mir alles genommen und nichts gegeben. Christus hat mich gerettet und mir echten Frieden und Freiheit geschenkt. Wenn Jesus will, dass sie mich töten, dann sterbe ich gerne. Er schenkt ewiges Leben ...«

In der folgenden Nacht wird alles, was Demeke noch besitzt, samt seinem Haus zerstört. Die Kinder schreien. Seine Frau und seine Mutter werden vor ihrem Haus brutal zusammengeschlagen. Ihn selbst schleppen sie aus dem Dorf hinaus und lassen ihn schwer verletzt durch Messerstiche auf der Straße liegen. Dass ihn in dieser Nacht kein wildes Tier angefallen und getötet hat, ist Gottes Bewahrung gewesen.

Am nächsten Morgen finden ihn einige Christen und bringen ihn zu der zwölf Stunden entfernten Klinik. Dort versucht der Arzt sein Bestes. Nach einigen Tagen muss er Demekes Freunde jedoch schweren Herzens bitten, ihn wieder mit nach Hause zu nehmen, damit er im Kreise seiner Lieben sterben kann. Medizinisch sieht der Arzt keine Möglichkeit mehr, ihm zu helfen. Doch Gott hat andere Pläne für Demekes Leben.

Sehr schwach ist Ato Demeke und er leidet unter großen Schmerzen. Die wenigen Christen im Ort pflegen ihn und beten für ihn. Als sie wieder einmal an seinem Bett um Heilung gebetet haben, richtet Demeke sich unerwartet auf. Er bittet um einen Becher Wasser. Plötzlich fühlt er sich so kräftig, dass er sein Schlaflager verlassen kann und im Zimmer auf und ab geht. Gott hat ein Wunder getan. Er hat ihn geheilt. In großer Dankbarkeit seinem himmlischen Vater gegenüber stellt Demeke sich wieder ganz in den Dienst Gottes.

Heute gibt es 200 Gemeinden in diesem Gebiet – und viele Männer wie Demeke, die begeistert mit ganzer Hingabe und Freude an Gott glauben.

DER TOD GEHT UM

Oktober 1973. Eine Nachricht aus der nördlich von Addis Abeba gelegenen Provinz Wollo erschüttert uns: Eine schreckliche Hungersnot breitet sich aus. Auch um Alamata, wo wir am Anfang unserer Zeit in Äthiopien gearbeitet haben, löst die anhaltende Dürre unsagbares Leid aus. Wir hören Schreckliches von unseren äthiopischen Freunden. Vergeblich flehen die Schamanen ihre Geister um Regen an. Aus zwei Dörfern hören wir, dass täglich bis zu 50 Menschen Krankheiten und Hunger zum Opfer fallen, vor allem die Schwächeren, Frauen und Kinder. Viele Männer sind in den von der Hungersnot verschonten Gebieten unterwegs und besorgen Nahrungsmittel. Um der leidenden Bevölkerung zu helfen, sind junge Leute aus England, USA und anderen Ländern gekommen. Zusammen mit uns Missionaren und einheimischen Helfern arbeiten sie bis zum Umfallen. Oft stehen ihnen die Tränen in den Augen, wenn sie versuchen, den vielen ausgezehrten Hilfesuchenden Getreide und Lebensmittel zu geben. In der Klinik wird denen, die so entkräftet sind, dass sie keine Nahrung mehr zu sich nehmen können, durch Infusionen das Leben gerettet. Wir sehen so viele Menschen sterben, es tut weh!

Eines Nachts setzen aus heiterem Himmel sintflutartige Regengüsse ein, die die Hungerhilfe noch erheblich erschweren. Immer wieder bieten sich den Helfern Bilder des Grauens. An einer Straße, die zum reißenden Fluss geworden ist, liegt eine Frau mit zwei Kindern. Eines der Kinder ist vom angeschwemmten Schlamm schon fast zugedeckt, während das andere bei der vor Stunden an Hunger gestorbenen Mutter Schutz und Hilfe sucht. Beide Kinder leben noch. Die Missionare nehmen sie zu sich.

Ein Äthiopier, der noch einigermaßen bei Kräften ist, hilft unseren Mitarbeitern, Gräber zu schaufeln. Er bekommt dafür Getreide für seine Frau und die fünf Kinder. Eines Abends wird dieser Mann in die Klinik gerufen, um mitzuhelfen, eine Frau zu begraben. Als er die Tote anschaut, stößt er ein Schluchzen aus: »Meine Frau! Es ist meine Frau!« Er birgt seinen Kopf in den groben Händen und weint herzzerreißend. Fast den ganzen Tag hat er sie gesucht und wusste nicht, dass sie bereits in der Klinik lag und behandelt wurde. Man kann sie nicht mehr retten. Nun muss er seine eigene Frau ins selbst geschaufelte Grab legen. Anstatt Gott in Bitterkeit zu grollen, kniet er nieder, um die Füße des Missionars zu küssen. »Ich danke Ihnen, dass Sie versucht haben, meiner Frau zu helfen.«

Als wir von dieser Geschichte hören, sind wir sehr betroffen und fragen uns: Hätten wir so reagiert? Wir staunen immer wieder über die Menschen in Afrika.

Kaum hat man den Hunger einigermaßen in den Griff bekommen, bahnt sich eine neue Katastrophe an: eine Choleraepidemie. Tag und Nacht arbeiten Missionsschwestern und einheimische Mitarbeiter. Sie können vielen Menschen das Leben retten. Aber oft stehen sie auch weinend vor einem Toten, der es nicht mehr rechtzeitig bis in eine ihrer Kliniken geschafft hat.

In jener schweren Zeit beginnen sich die Türen für das Evangelium in der Provinz Wollo weit zu öffnen. Viele Menschen suchen ihre Hilfe für Leib und Seele bei Jesus, auch Muslime.

ÄTHIOPIEN IM UMBRUCH

Januar 1974. Die Luftwaffe streikt. Dann die Taxifahrer, denn durch die Ölkrise im Februar steigt der Benzinpreis von 50 auf 95 Cent. Ihren Forderungen wird nachgegeben. Darauf folgt eine ganze Streikwelle. Auch die Armee, die inzwischen kommunistisch durchsetzt ist, verlangt mehr Lohn und bessere Verpflegung. Die Streikwelle entwickelt sich zur Staatskrise, zu einer bis dahin noch unblutigen Revolution, was sich leider später ändert. Eines Tages wird der äthiopische Kaiser Haile Selassie abgesetzt. Die Armee übernimmt die Regierung. Dann fordern die Maoisten in der Armee die Revolutionsleitung auf, alle Offiziere aus feudalen Kreisen zu erschießen. Eine reine Arbeiterarmee ist ihr Ziel. Die Revolutionsleitung verlangt dafür jedoch ordentliche Gerichtsverhandlungen für jeden Einzelnen, damit keiner unschuldig erschossen wird. Das geht den Maoisten gegen den Strich. In einer blutigen Nacht ermorden sie die gesamte Revolutionsleitung und reißen die Macht an sich. Auch Kaiser Haile Selassie wird verhaftet und später umgebracht. Jetzt stellen sich die russisch gesteuerten Kommunisten gegen die Herrschaft der Maoisten. Es kommt zu schrecklichen, monatelangen Kämpfen zwischen den unterschiedlichen Konfliktparteien. Am Morgen liegen oft mehr als 200 Ermordete, die meisten davon Studenten, in den Straßen der Hauptstadt Addis Abeba. Auch im restlichen Land brodelt es. Eines Tages gelingt es den Kommunisten, 59 Mann der maoistischen Führung zu töten und die Herrschaft wieder an sich zu reißen. Der neue Diktator, Mengistu Haile Mariam, errichtet mit Hilfe von Intrigen und weiteren Morden in den eigenen Reihen eine grausame Diktatur.

Der Einfluss der kommunistischen Parolen, mit denen das äthiopische Volk manipuliert und unterdrückt wird, wirkt sich enorm negativ auf die Missionsarbeit aus. Mehr als 100 Missionare sollen auf Anweisung der kommunistischen Regierung bis Juli 1975 das Land verlassen. Jeder muss umgerechnet 3 000 Euro für den Fall einer Steuernachzahlung hinterlegen oder einen äthiopischen Bürgen dafür haben. Die Bürgschaft für unser Partnerwerk, die SIM, beträgt umgerechnet mehr als eine Million Euro – ein Wahnsinn. Woher soll das Geld kommen? Aus Spenden? Einige hundert einheimische Evangelisten sind wegen der Landreform in ihre Heimatorte zurückgekehrt. Alle wollen sich in den neu entstandenen Kommunen eintragen lassen. Die Missionsarbeit ist landesweit ins Stocken geraten – eine Katastrophe.

KEINE RELIGIONSFREIHEIT MEHR

Juni 1978. Die vergangenen vier Jahre in Äthiopien waren schwierig, aber wir konnten unsere Arbeit weiterführen. Die christlichen Gemeinden stellen sich nur langsam auf die neue politische Lage ein. Die goldenen Zeiten, in denen das Evangelium in großer Freiheit verkündigt werden konnte, scheinen ihrem Ende entgegenzugehen.

In Kaffa, einer Provinz so groß wie Baden-Württemberg, ist inzwischen jede Art christlicher Mission unterbunden worden. Von einer Stunde auf die andere sind alle Missionsstationen verstaatlicht und alle privaten und Missionsfahrzeuge enteignet worden. Die Missionare dort mussten allesamt innerhalb von 24 Stunden aufbrechen und die Provinz mit dem nächsten Bus verlassen. Flüge gab es keine mehr. Nur die Kleider, die sie trugen, und etwas Taschengeld durften sie noch mitnehmen. Dabei hat man auch eine wichtige theologische Ausbildungsstätte geschlossen. Glücklicherweise konnten die Studenten trotzdem noch den Abschluss ihrer Ausbildung im Hauptquartier der Mission in der Hauptstadt Addis Abeba machen.

Auch die äthiopischen Christen haben es in diesen Tagen schwer, sie werden unterdrückt. Der Präsident unseres Gemeindeverbandes erzählt, dass sie dennoch guten Mutes sind. Im Vertrauen auf Jesus sagen sie: »Auch wenn unsere Kirchen geschlossen sind und das Versammlungsverbot über uns verhängt wurde, die Gemeinde Gottes kann nicht ausgelöscht werden. Wir Gläubigen sind die Gemeinde, geschlossene Kirchen können an dieser Tatsache nichts ändern.«

Viele Christen versammeln sich an den Abenden unter der Woche in ihren Privathäusern. Die Abendmahlsfeiern in solchen Hausgemeinschaften sind zutiefst beeindruckend. Ein echter Gewinn. In dieser Situation sind manche Bibelverse für Edith und mich besonders wertvoll. Jesus sagt: »Deshalb sorgt euch nicht um morgen, denn jeder Tag bringt seine eigenen Belastungen. Die Sorgen von heute sind für heute genug.« (Matthäus 6,34).

EIN NEUES GESETZ

Ein neues Gesetz, das die Regierung jetzt erlassen hat, erschreckt uns sehr. Seit einigen Wochen hören wir im Radio: »Alle Ausländer, die bis Juli keine Arbeitsgenehmigung haben, müssen das Land verlassen.« Im anhaltenden Gebet und Fasten suchen wir die Gegenwart Gottes. Seit vier Monaten schon arbeiten die Behörden an unseren Arbeitsgenehmigungen. Es kann gut ein Jahr dauern, bis die komplizierten bürokratischen Vorgänge ein Ende haben. Täglich bitten wir Gott, dass er uns hilft, damit wir nicht das Land verlassen müssen.

Als ich wieder einmal zum Arbeitsministerium gehe, teilt man mir mit, dass ich eine Empfehlung der Kommune benötige, in der wir vorher gewohnt haben. Weil wir einige Zeit in Burdschi, ganz im Süden Äthiopiens, gewohnt haben, muss ich dorthin reisen.

Zunächst benötige ich vom Staatssicherheitsdienst eine Genehmigung für die Reise. Wieder eine Geduldsprobe. Wie viele Male ich in den fünf Wochen Wartezeit telefoniert habe und persönlich zu den Behörden gegangen bin, weiß ich nicht mehr genau. Oft werde ich von lieben Freunden zum Aufgeben »ermuntert«. »Kommt nach Hause – der Aufwand lohnt sich doch nicht.« Nein, wir geben nicht auf. Noch ist unser Auftrag nicht erfüllt. Noch haben viele Menschen hier nie das Evangelium gehört. Wir sind notfalls auch bereit, für unseren Herrn zu leiden, wenn er es so führt. Aber aufgeben? Nein. Gott wird uns für jeden Tag die Kraft und Liebe für diese Menschen schenken.

Nach schätzungsweise 50 Versuchen bekomme ich tatsächlich meine Genehmigung. Nun können die Reisevorbereitungen beginnen. Wegen politischer Unruhen muss ich einen schwierigen Umweg wählen. Das bedeutet: am ersten Tag eine 400 Kilometer lange Busfahrt. Am zweiten Tag kann ich mir von Freunden einen Geländewagen ausleihen. Am dritten Tag komme ich trotz des Geländefahrzeugs nur 200 Kilometer weit, weil die Straßen so schlecht sind. Es wird immer schlimmer: Am vierten Tag schaffe ich am Vormittag nur 25 Kilometer. Ich erreiche einen Marktplatz, von wo es zu Fuß weitergehen soll. Auf dem Markt treffe ich die ersten Leute aus Burdschi. Besonders groß wird meine Freude, als ich Christen aus unseren Gemeinden dort begegne.

Der Vater eines Lehrers von Burdschi leiht mir seinen Maulesel zur Erleichterung meiner letzten Wegstrecke. Ich will mich damit einer Gruppe von Händlern anschließen. Aber am nächsten Morgen stellen sich unerwartete Schwierigkeiten ein. Meine »guten Freunde«, die Händler, haben auch meinem Maultier eine schwere Last Getreide aufgelegt. Ich muss den ganzen Weg zu Fuß gehen. Vier Stunden dauert es, bis jemand mir seinen Esel für mein Gepäck vermieten will. Solange man mit dem Auto fährt, geht es irgendwie noch vorwärts, aber hat man seine Füße erst einmal auf dem Boden, scheint das Reiseziel in unendliche Weite zu rücken.

Nach einer weiteren Stunde sind Zelt, Trinkwasser und andere Dinge auf meinen Esel geladen. 75 Kilometer Fußmarsch liegen vor mir. Man sagt mir, dass von nun an keine Dörfer und Märkte mehr kommen. Und so ist es auch. Doch noch befinden wir uns auf 2 000 Meter Höhe, wo wenigstens das Klima erträglich ist. Vor uns liegt ein etwa 25 Kilometer weites Hochtal. Gegen Mittag erreichen wir die Bergkette. Von dort aus können wir die bis zu 3 600 Meter hohen Burdschi-Berge sehen. Ein herrlicher Anblick! Aber zwischen den 2 000 Meter hohen Bergen, auf denen wir stehen, und der Seite, wo der Ort Burdschi liegt, befindet sich das 30 Kilometer weite Segon-Tal.

Bis zum Abend haben wir den Abstieg geschafft. Lasttiere, sprich Esel, machen das Reisen beschwerlicher. Weil es ja »richtige Esel« sind, können sie auf dem Pfad nicht geradeaus laufen. Immer wieder brechen sie seitlich aus und versuchen, unter Dornbüschen ihre Last abzustreifen. Will man sie zurückbringen, fangen sie meist noch an zu bocken oder rennen plötzlich 50 Meter den Pfad zurück.

Das Segon-Tal ist ein wahrer Backofen mit Temperaturen bis zu 48 Grad und hoher Luftfeuchtigkeit. Es gibt viele wilde Tiere in dieser grünen Hölle. Plötzlich kreuzt eine junge Riesenschlange den Fußpfad, dann eine Herde Zebras ganz in unserer Nähe. Wir müssen den 30 Meter breiten Segon-Fluß überqueren, der von Äthiopien nach Kenia fließt. An einigen Stellen ist er drei Meter tief. Einer der Esel wäre fast im reißenden Strom ertrunken. Obwohl es genug Krokodile im Fluss gibt, kann ich im Augenblick keine entdecken. Die Fische sind allerdings nicht so scheu wie die in Deutschland. Steht man eine Weile im Wasser, fangen sie an, unsere Beine zu bearbeiten.

Wir übernachten im Tal. Dann der erneute Aufstieg auf 3 600 Meter Höhe, wieder eine Sache für sich. Als ich nach sechs Tagen endlich in Burdschi ankomme, kann ich meinen Gürtel einige Löcher enger stellen und bin fünf Kilogramm leichter.

VON GOTT VORBEREITET

Es ist einfach genial, wie Gott meine Zeit in Burdschi vorbereitet hat. Während meines zweiwöchigen Aufenthaltes dort kann ich an Versammlungen mit all den Ältesten, Evangelisten und leitenden Christen teilhaben. Es findet eine große Taufe mit mehr als 200 Täuflingen statt. Gott steht zu seiner Gemeinde, gerade in diesen schweren Zeiten. Es macht Freude, mitzuerleben, wie die Anzahl der Christen trotz harter Verfolgung wächst.

Morgen treffe ich den Gouverneur, der mir den Brief fürs Arbeitsministerium schreiben muss. Wird es ein gutes Schreiben sein, das uns zu einer Arbeitserlaubnis verhilft? Ich bete die ganze Nacht hindurch: »Herr, wenn du willst, werden wir im Land bleiben. Du weißt, wie sehr wir Äthiopien und seine Menschen lieben. Du weißt, wie viele Menschen hier noch nie das Evangelium gehört haben. Du hast nicht nur vor 2000 Jahren Wunder getan, du kannst das auch heute noch ...«

Am nächsten Morgen. Der Gouverneur scheint mir wohlgesinnt zu sein. Er hat von unserer Arbeit gehört und weiß, wie viele Brunnen ich bereits gebaut und wie viele Quellen ich in seiner Gegend eingefasst habe. Unsere schulische und medizinische Arbeit schätzt er ebenfalls sehr, sagt er. Dann überreicht er mir strahlend seinen Brief. Ein guter Brief mit einer echten Empfehlung für die Arbeitsgenehmigung. Danke, mein Gott!

Wieder zurück in der Hauptstadt geht alles sehr schnell. Während erneut drei der wenigen ausländischen SIM-Missionare, die in Äthiopien noch übrig geblieben sind, das Land verlassen müssen, hat Gott uns eine offizielle Arbeitsgenehmigung geschenkt. »Er führt seinen Plan wunderbar aus, seine Weisheit lässt er groß sein« (Jesaja 28,29).

BEI DEN GUDSCHIS

Grausame Rituale

Sommer 1983. Zehn Jahre lang arbeiten wir nun schon im Süden Äthiopiens. Trotz vieler Schwierigkeiten schenkt Gott uns immer wieder Freude an unserer Arbeit und im Miteinander mit den Menschen hier. Wir bauen Brunnen und Brücken, helfen medizinisch und halten Bibelstunden. Gott dienen macht Freude.

Eines Tages hören wir das erste Mal von den Gudschis, einem sehr kriegerischen Nachbarvolk. Keiner der gefürchteten Gudschi-Krieger hat jemals von Jesus gehört. Wir staunen über das, was man uns von den Gudschis erzählt. Immer öfter gehen unsere Gedanken und Gebete zu diesen Menschen. Wir beginnen, für die Gudschis aus dem Abaya- und Galana-Gebiet zu beten. Wie könnte man sie erreichen und ihnen in verständlicher Weise das Evangelium weitersagen? Wäre das nicht eine gute neue Aufgabe für uns? Je öfter wir darüber nachdenken, umso gewisser werden wir: Gott hat einen neuen Auftrag für uns. Wir sollen zu den Gudschis.

Wer sind diese vergessenen Menschen? Die Gudschis sind ein von den Nachbarvölkern sehr gefürchteter Stamm, man schätzt ihre Zahl auf etwa 200 000 Menschen. Sie sind Halbnomaden und gehören zur Volksgruppe der Galla. Als Animisten (Anhänger von Naturreligionen) enthält ihre Kultur grausame Rituale. Wenn ein Gudschi beispielsweise einen Menschen tötet, dann wird er von seiner Dorfgemeinschaft als großer Held gefeiert. Oft trennen sie Getöteten Gliedmaßen oder die Vorhaut ab und verwenden sie in kultischen Zeremonien. Aufgrund von solchen Grausamkeiten ist kaum ein Äthiopier bereit, bei den Gudschis zu leben. Einige engagierte Christen, die ihnen Gottes Wort bringen wollten, hat man nie wieder gesehen. Auch die von der Regierung entsandten Lehrer haben oft fluchtartig das Gudschi-Gebiet wieder verlassen. Die Gudschis wehren sich vehement dagegen, dass ihre Kinder in die Schule gehen und etwas lernen. Die Jungs sollen lieber auf die Kühe und Ziegen aufpassen, Mädchen der Frau im Haushalt helfen. Das ist schon immer so gewesen, also soll es so bleiben.

Mr. Michel war ein australischer Missionar, der bereits vor einigen Jahren die Gudschis mit dem Evangelium erreichen wollte. Er wurde durch einen Speer getötet. Wir sehen die Gefahren und es wird uns schon auch mal mulmig bei dem Gedanken daran. Aber wir wissen: Wenn die Arbeit unter den Gudschis unser Auftrag von Gott ist, dann wird Gott uns auch einen Weg zu diesen Menschen bahnen. Wer kann eine Tür schließen, die Gott öffnet? Bei ihm ist nichts unmöglich. Also schmieden wir Pläne.

Zunächst versuchen wir, die Gudschis in den Randgebieten ihres Territoriums aufzusuchen. Wir helfen den Menschen medizinisch und erzählen ihnen von Jesus. Einige kommen zum Glauben, was uns sehr ermutigt. Es ist erstaunlich: Viele Gudschis nehmen Gottes Wort aus der Bibel auf wie die trockene Erde den Regen. Sie erleben Gottes heilende und befreiende Kraft. Manchen ist es bereits nach erstaunlich kurzer Zeit überaus wichtig, ihren Landsleuten von Jesus zu erzählen, damit auch sie echte innere Freiheit kennenlernen und ewiges Leben haben können. Manche dieser begeisterten Christen, die bereits lesen und schreiben können, bilden wir zu Evangelisten aus. Sie sollen später einmal mit uns ins Innere des Gudschi-Landes vordringen und dort von Ort zu Ort ziehen, um den Menschen von Jesus weiterzusagen.

Anhaltende Dürre, die sich über die ganze Sahelzone erstreckt, erschüttert auch das Land der Gudschis. Eine furchtbare Hungersnot breitet sich aus. So viele Menschen sterben. Wie können wir helfen? Ist das vielleicht eine Tür zu den Herzen der Gudschis? Aber selbst wenn die Regierung uns die Genehmigung erteilt und die Gudschis ihr Land für Hilfe öffnen … ist es überhaupt möglich, diesen Menschen in ihrem unzugänglichen Land Hilfe zu bringen? Es gibt nur von Viehherden und Menschen ausgetretene Pfade, die zu ihren Dörfern führen. Was wir brauchen sind Straßen, um größere Hilfslieferungen in ihr Land zu transportieren. Was tun?

Eines Tages ergibt sich eine Möglichkeit, mit der schweizerischen »Heli-Mission« mitten ins Land der Gudschis zu fliegen. Ich möchte herausfinden, wo der Bau von Straßen in diesem Gebiet am sinnvollsten wäre. Asefa, ein Gudschi-Christ, begleitet den Piloten und mich. Als wir das Land überfliegen, sehen wir überall verbrannte Erde. Die Dürre ist katastrophal. Die armen Menschen. Wir sehen einzelne Hirten mit ihren Herden auf der beinahe hoffnungslosen Suche nach Nahrung. Die Rinder sind total abgemagert. Nur die Ziegen und Schafe finden noch ein paar trockene Blätter an den Dornbüschen.

Sollen wir eine kurze Landung wagen? Ja, wir beschließen zu landen. Liegt unser Leben nicht in Gottes Hand? Langsam senkt sich der Helikopter herab. Staub wirbelt auf, die Rotorblätter drehen sich langsamer und bleiben stehen. Was dann geschieht, lässt uns über alle Maßen staunen:

Scheue, freundliche Menschen kommen auf uns zu. Den Speer an ihrer Seite, aber friedlich. Sie laden uns in eine Hütte ein. Ist das ein Hinterhalt? Eine Handvoll Männer steht um uns herum. In sicherem Abstand beobachten uns die Frauen mit einer Mischung aus Angst und Neugier, ihre Kinder fest an sich gedrückt. Die Männer bitten uns, Platz zu nehmen. Wir sitzen auf einem Ziegenfell auf dem Boden. So ganz wohl ist mir nicht. Da hören wir eine Geschichte, die uns den Atem stocken lässt und vor Freude überwältigt:

EIN PFERD,
DAS KEIN GRAS FRISST

Ein alter Herr, abgemagert, als würde ihn schon lange eine Tuberkulose quälen, steht auf. Er stützt sich auf seinen Stock, hustet und ringt nach Luft. Aber plötzlich kommt Leben in seinen müden Körper. Seine Augen strahlen.

»Ich habe diese Geschichte von meinem Vater gehört«, beginnt er. »Hört zu! Es geschah vor etwa 50 Jahren:

Ein angesehener Dorfchef hatte einen höchst seltsamen Traum. Gleich am nächsten Morgen versammelte er die Ältesten unseres Dorfes, um ihnen von seinem Traum zu berichten. ›Heute Nacht ist mir ein Mann im Traum erschienen. Mit lauter Stimme hat er verkündet: Eines Tages werdet ihr eine Straße am Himmel sehen. Danach wird ein Pferd kommen. Ein Pferd, das kein Gras frisst. Und mit ihm ein weißer Mann, der euch das Buch der Wahrheit bringen wird. Ihm sollt ihr glauben.‹

Lange haben wir auf diesen Tag gewartet. Doch dann vergingen die Jahre. Inzwischen ist der Traum beinahe in Vergessenheit geraten. Aber glaubt mir, jetzt geht dieser Traum in Erfüllung. Habt ihr die Straße am Himmel gesehen? Gestern, vorgestern?«

Was der alte Herr nicht weiß: Die äthiopische Regierung hat den Luftkorridor für Flüge nach Kenia neu bestimmt, sodass die Flugzeuge und Jets neuerdings das Stammesgebiet der Gudschis überfliegen müssen und dabei ihre typischen weißen Kondensstreifen hinterlassen.

»Nie zuvor haben wir so etwas erlebt«, fährt der Alte mit gewichtiger Miene fort. Er führt uns vor die Hütte hinaus und zeigt zum Himmel hinauf, an dem immer noch verschwommen ein paar der Kondensstreifen sichtbar sind. »Das ist die Straße am Himmel. Und heute«, er richtet seine Blicke auf uns, »da kommt ihr aus der Luft, mit dem Pferd, das kein Gras frisst. Und jetzt frage ich euch: Bringt ihr uns das Buch der Wahrheit?«

Und etwas kleinlaut fügt er noch hinzu: »Helft ihr uns in der großen Hungersnot, die so vielen von uns schon das Leben gekostet hat?«

Ich hole meine Bibel aus der Tasche und lächle: »Hier ist es, das Buch der Wahrheit. Das lebendige Wort unseres großen Gottes«, erkläre ich. »Und helfen wollen wir euch auch. Wir überlegen gerade, wie wir Getreide in euer Land bringen können.« Dann schlage ich die Bibel auf und erzähle ihnen von Gottes großem Erlösungsplan für die Menschen. Vom Sündenfall bis zum Tod von Jesus am Kreuz und seiner Auferstehung. Asefa, unser Evangelist, übersetzt meine Worte ins Gudschi-Oromo, die Sprache der Gudschis. Ein wahrhaft bewegender Gottesdienst hier in einer kleinen Hütte, wie er kostbarer in einem wunderschönen Gemeindehaus nicht sein kann.

Der Pilot wird unruhig, unsere Zeit drängt. Wir müssen uns verabschieden, um vor Einbruch der Dunkelheit wieder zurück in seiner Basis zu sein. Asefa steht die Freude ins Gesicht geschrieben: »Wenn ihr wollt, kommen wir wieder und erzählen euch noch mehr aus dem Buch der Wahrheit«, wendet er sich an die Leute. Sie reichen uns die Hand: »Ja, kommt wieder und wartet nicht so lange.«

Der Hubschrauber steigt wieder auf. Ich kann es immer noch nicht fassen, wie eindrucksvoll Gott uns den Zugang zu den Herzen der Gudschis in dieser Region aufgetan hat. Unwillkürlich muss ich an das Wort aus der Bibel denken: » … er hat sogar die Ewigkeit in die Herzen der Menschen gelegt« (Prediger 3,11).

WIE GOTT MENSCHEN
VERÄNDERT

September 1983. Die ersten Kontakte zu den Gudschis sind erfolgreich verlaufen, Gott hat uns die Tür in diese Volksgruppe weit geöffnet. Mutig unternehmen wir immer wieder Fahrten in die Randgebiete ihres Landes. Politische Restriktionen und menschliche Unzulänglichkeiten machen die Planung unserer Reisen mühevoll. Dennoch versuchen wir alles, weil die Gudschis Hunger leiden und dringend unsere Hilfe benötigen. Tausende sterben und wir müssen fast tatenlos zusehen. Wie können wir nur Getreide zu ihnen transportieren?

Endlich erhalten wir die Erlaubnis der Regierung, bei ihnen Brunnen zu bohren. Mit unserem Wasserprojekt senden wir Mitarbeiter zu den Gudschis, um ihr Land zu erkunden. Wir wollen versuchen, die Trampelpfade in befahrbare Feldwege umzubauen, auf denen wir Hilfslieferungen tiefer ins Gudschi-Gebiet hineinbringen können. Ein Riesenprojekt.

Von Anfang an nehmen wir Männer aus der jeweiligen Region zu Hilfe. Aber sie sind es nicht gewöhnt, einen ganzen Tag lang hart zu arbeiten. Darum geht der Straßenbau nur langsam voran. Wir hören oft: »Heute geht's nicht, ein Freund will mich besuchen. Ich komme nächste Woche wieder.« Oder: »Heute kann ich nicht. Ich muss meinen kranken Vater besuchen, komme aber morgen wieder.« Obwohl ich alles versuche, ihnen die Dringlichkeit und Bedeutung unserer Arbeit für das Wohl ihres eigenen Volkes verständlich zu machen, trifft das äthiopische Sprichwort zu: »Man kann einen Leoparden so oft waschen, wie man will, die schwarzen Flecken gehen nicht aus seinem Fell heraus.«

56

Die meisten Äthiopier sind personenorientiert. Beziehungen sind ihnen wichtiger, als ein Arbeitspensum zu erfüllen. Beim Bau der Straße muss ich aufpassen, dass es mich nicht zu viel Nerven kostet. Aber andererseits möchte ich gerade von dieser Haltung der Gudschis lernen. Natürlich geht dabei der Ausbau der Straßen nicht so zügig voran, wie ich es gern hätte. Aber es kommt zu vielen wertvollen Begegnungen. Christen aus den Randgebieten des Gudschi-Landes, die bereits biblischen Unterricht erhalten, beaufsichtigen den Bau unserer Straße. Abends haben sie oft die Möglichkeit, mit den Menschen über ihren neuen Glauben zu reden.

Wir hören von extremer Krankheitsnot unter den Gudschis. Menschen leben, leiden und sterben, ohne je von Christus gehört zu haben. Wie lange noch? Es tut uns weh. Wir möchten auf allen Ebenen helfen, aber uns sind die Hände gebunden. Für die medizinische Arbeit, die wir gerne unter den Gudschis anfangen würden, haben wir gleich zu Beginn unseres Straßenbaus um eine Genehmigung bei der Regierung gebeten. Aber wir haben bis heute noch keine Antwort erhalten. Es ist zum Verzweifeln.

Neue Reisevorschriften lassen es nicht zu, weiter ins Land der Gudschis vorzudringen. Aber am Rande ihres Gebietes geschieht etwas. Menschen erhalten Hilfe und finden zum lebendigen Glauben an Jesus Christus. Gott ist größer als die Regierung und er hat die Macht, seine Pläne auszuführen, selbst wenn sich ihm Menschen in den Weg stellen.

Wir eröffnen eine einfache, kleine Bibelschule, in der wir begabte Christen aus dem Gudschi-Stamm, die bereits lesen und schreiben können, im Wort Gottes schulen. Anschließend möchten wir sie tief ins Land der Gudschis hinaussenden. Eine gefährliche Mission, aber sie sind bereit dazu. Ihre Herzen brennen für Jesus, der sie von ihrer schrecklichen Angst vor den bösen Geistern ihrer Ahnen befreit hat. Das motiviert sie – und uns.

Eines Tages besucht uns ein Gudschi-Evangelist, der im Randgebiet seines Volkes unterwegs gewesen ist. Er berichtet, dass in den vergangenen Monaten 115 Gudschis gläubig geworden sind. Strahlend fügt er noch hinzu: »Auch mein Vater hat Jesus als Herrn und Retter in sein Leben aufgenommen. Vor etlichen Jahren hat er meine Mutter verlassen. Als ich gläubig geworden bin, jagte er mich kurzerhand aus dem Hof. Seither habe ich jeden Tag, fern von zu Hause, für meinen hartherzigen Vater gebetet. Doch er hielt fest an den Sitten und Gebräuchen unseres Volkes. Eines Nachts brannte ihm das Haus ab. Mit leeren Händen und voller Zorn suchte er den Zauberpriester auf und fragte ihn, ob das Feuer von mir gelegt worden sei. Der Zauberer antwortete ihm: ›Nein, nicht von deinem Sohn, sondern von dessen Gott.‹ Daraufhin wurde mein Vater nachdenklich. Dieses Erlebnis brachte die Wende in sein Leben. Jetzt ist mein Vater Christ.« Der Evangelist schaut lächelnd nach oben, als wolle er Gott erneut für dieses Geschenk danken. Wir freuen uns sehr mit ihm.

Einige Wochen später stellt er mir seinen Vater vor, ein gütiger älterer Herr, den die Liebe Gottes offensichtlich verändert hat. Er hat eine abgetragene, nicht mehr ganz saubere kurze Hose an, die Sandalen an seinen Füßen sind aus alten Autoreifen zugeschnitten. Seine Haare sind grau und aus seinem breiten Mund lugen nur noch wenige Zähne hervor. Er grüßt mich herzlich. Seinen Speer hält er fest in der Hand. Ein Speer, der nicht mehr tötet. Wir reden noch lange über Jesus, der neues Leben schenkt. Könnten wir nur allen Gudschis von der Liebe Gottes weitersagen! Wann wird es endlich soweit sein, dass wir auch Menschen im Herzen des Gudschi-Landes erreichen können?

EIN LANGER WEG

Sommer 1984. Wieder einmal sind wir unterwegs zu den Gudschis. Es ist ein langer Weg zu ihnen – und ein noch längerer zu ihren Herzen. Bei Sonnenaufgang sind Edith und ich mit dem Landrover von Addis Abeba aus aufgebrochen. Mit uns reist ein Gudschi-Christ als Führer. Die »Autobahn« lässt etwas zu wünschen übrig. Ich muss scharf aufpassen, dass unser Landrover nicht in die tiefen Schlaglöcher gerät. Einige Stunden sind wir bereits gefahren, der Diesel geht langsam zur Neige. Wir halten an drei Tankstellen an, doch es gibt keinen Sprit mehr zu kaufen, ihre Vorräte sind aufgebraucht. Gerade noch rechtzeitig erreichen wir die vierte Tankstelle und können Diesel nachfüllen. Kaum haben wir den Stutzen in die Zapfsäule zurückgehängt, erreicht uns keuchend ein Bote. Er bittet uns, zu einer Missionarsfamilie in der Nähe mitzukommen, die dringend medizinische Hilfe benötigt. Gerne tun wir ihnen den Gefallen. Sie sind überaus dankbar, dass Edith ihnen als Krankenschwester spontan und kompetent helfen kann. Der Stopp zwischendurch tut auch uns gut.

Ein paar Kilometer weiter verlassen wir die Hauptstraße. Von jetzt an geht es nur noch auf Sandpisten weiter. Hinter unserem Wagen breitet sich eine gewaltige Staubwolke aus. Schon treffen wir Gruppen von Männern, die mit Speeren bewaffnet sind. Sie tanzen und singen, um den Regengott zu versöhnen, doch der dringend erwartete Regen bleibt weiterhin aus. Langsam fahren wir an ihnen vorbei, während wir leise Gebete zum Himmel schicken. »Oh Herr, bitte lass diese Menschen erkennen, dass du der wahre Gott bist. Schenke du ihnen, was sie zum Leben brauchen.«

Stunden später verlassen wir die Sandpiste und fahren über ausgetrocknetes, staubiges Land immer den Trampelpfaden der Gudschis nach. Wie gut, dass wir einen Führer haben. Es geht durch ein ausgetrocknetes Flussbett, dann wieder über Geröll und Felsbrocken, die wir aus dem Weg räumen müssen, bevor der Wagen die nächste Böschung passieren kann. Die in der Blüte vertrockneten Maisfelder der Gudschis bieten ein trauriges Bild. Auch die Kaffeebäume und Sträucher am Weg lassen ihre Blätter hängen.

Noch vor Anbruch der Nacht suchen wir uns einen geschützten Platz und bauen unsere Zelte unter einer Schirmakazie auf. Neugierig beobachtet uns eine Schar Paviane aus sicherer Entfernung hinter Büschen und Felsen. Ob sie sich über ihre Ähnlichkeit mit den fremden Besuchern wundern? Darwin hätte sicher seine Freude an diesen munteren Gesellen gehabt. Wir dagegen staunen an diesem Abend über die Schönheit von Gottes Schöpfung in dieser Wildnis.

Die Nachricht über unser Kommen verbreitet sich schnell unter den Gudschis dieser Region. Bereits am frühen Morgen warten unter dem Baum neben unserem Zelt einige Patienten mit verschiedenen Tropenkrankheiten, vor allem Mütter mit kleinen Kindern. Die Menschen sind sehr abgemagert. Die Hungersnot hat ihre Spuren hinterlassen. Dankbar sind wir für das Vertrauen, das sie uns entgegenbringen. Sogar ein Zauberpriester bittet um Hilfe für einen seiner Patienten. Wenn die Regierung nur bald die Erlaubnis für den Bau einer Klinik geben würde!

Um den Forderungen des Gesundheitsministeriums nachzukommen, fassen wir in den darauffolgenden Monaten für einige Dörfer Quellen ein. Endlich haben die Bewohner sauberes Trinkwasser für sich und ihre Viehherden. Durch diese praktische Hilfe entstehen wichtige Kontakte. Wir kommen mit den Menschen ins Gespräch. Es erschüttert uns, wie fest der Geisterglaube mit seinen oft grausamen

Ritualen die Menschen im Griff hält. Ob wir die wenigen kleinen christlichen Gemeinden am Rande dieses großen Gebietes wirklich ermutigen können, die Not ihrer Lands- leute im Inland zu sehen und zu helfen?

VOM BLITZ GETROFFEN

September 1984. Die kommunistische Regierung hat im ganzen Land Kirchen schließen lassen. Christen werden hart verfolgt, ins Gefängnis geworfen und gefoltert. Wie lange werden wir noch in Äthiopien arbeiten können? Die Not treibt uns ins Gebet.

Eines Tages besteht eine Gruppe junger Leute der politischen Jugendorganisation »Semetscha« darauf, ihr Quartier in unserer Kirche aufzuschlagen. Sie sind bewaffnet, niemand darf ihnen widersprechen. Gezielt versuchen diese Jugendlichen, die Christen im Ort zum Schweigen zu bringen. Sie gehören zur Staatsmacht und sollen im Auftrag der Regierung die kommunistische Ideologie in die Dörfer hinaustragen.

Der Platz, auf dem unsere Kirche steht, war früher einmal eine Hochburg der Zauberpriester, die sich als zuständig für den Regen ausgaben. Die Freude der jungen Leute über die Besetzung der Kirche ist jedoch nur von kurzer Dauer. Eines Abends, als die meisten von ihnen sich in der Kirche schon zur Nachtruhe niedergelegt haben, bricht plötzlich ein heftiges Gewitter los. Drei junge Männer stehen noch plaudernd am Eingang der Kirche. Plötzlich ein ohrenbetäubender Knall. Ein Blitz schlägt ein und tötet einen von ihnen auf der Stelle. Mit einem kurzen Aufschrei bricht er zuckend zusammen. Die anderen kommen mit dem Schrecken davon. Alle sind so bestürzt, dass sie sich sofort entscheiden, ein anderes Hauptquartier zu suchen. Die Kirche ist wieder frei.

Jeder, der von einem Blitz getroffen wurde, darf drei Tage lang nicht berührt werden. So schreiben es die Zauberpriester dieser Gegend vor. Am vierten Tag muss dann einer der

Priester dem Toten die Kleider ausziehen, erst dann darf die Beerdigung stattfinden. Die Stelle, wo der Blitz eingeschlagen hat, wird nachher nicht mehr betreten. So groß ist die Furcht vor der Strafe der Geister und den Vorschriften der Schamanen. Die Jugendgruppe kann den Leichnam ihres jungen Kollegen nicht in seinen Heimatort tragen, weil dieser zu weit entfernt ist. Also begraben sie ihn außerhalb des Dorfes. Vielleicht haben einige dieser kommunistischen Jugendlichen erkannt, dass nicht der Mensch oberste Autorität hat, sondern Gott. Er ist der Herr über Leben und Tod. Das haben diese jungen Leute eindrucksvoll erlebt.

Dieses Unwetter ist nur der Anfang einer weiteren Katastrophe für jene Gegend.

HUNGER, KRANKHEIT, TOD

Dezember 1984. Neben den vielen Krankheiten, unter denen die Menschen hier leiden, bahnt sich eine schreckliche Hungersnot an. Während im Hochland der Mais bereits geerntet wird, sind im heißen Tiefland alle Maisfelder vertrocknet. Nur Hirse und Gerste, für die es gerade noch genug Regen gab, können geerntet werden. Für viele ist der Mais jedoch das Hauptnahrungsmittel. Die Not wird sich im nächsten halben Jahr noch verschärfen. Alle Tieropfer und Tänze der Schamanen bleiben erfolglos.

Die anhaltende Trockenzeit hat Menschen und Tiere in große Not gebracht. Eines Tages, wie aus heiterem Himmel, brechen schwere Unwetter herein. Heftiger Hagelschlag vernichtet die Kaffeebäume und lässt sie ohne Früchte und Blätter. Es tut uns weh, die Bevölkerung so leiden zu sehen. Manchmal fragen wir uns: »Oh Herr, warum?«

Ohne Gottes Ermutigung aus der Bibel und manches Frohmachende in der Arbeit hätten wir längst aufgegeben. Gott wird uns nicht überfordern, mit seiner Hilfe rechnen wir.

Die Bedeutung von Äthiopien »Land der verbrannten Gesichter« kommt jetzt stärker als sonst zum Ausdruck. Verbrannte Erde, so weit das Auge reicht. Jeden Tag brennt die Sonne erbarmungslos vom wolkenlosen Himmel auf uns herab. Einer der Gudschi-Christen meint: »Unsere alten Männer sagen, Gott ist zornig über uns. Darum lässt er die Sonne immer weiter herabsinken, bis sie uns verbrennt.«

Die ersten »Staubteufel« tauchen auf, die auf große Distanzen sichtbar sind. »Staubteufel« werden kleinere Tornados hier genannt, die ganz klein beginnen, aber auch

Vertrocknete Felder

manchmal zehn und mehr Meter Durchmesser haben und den Staub einige Hundert Meter in die Höhe wirbeln können. Sie bewegen sich meistens nicht so schnell vorwärts, aber wenn eine Grashütte mit schlechtem Dach in ihren Weg kommt, wird sie dennoch gnadenlos abgedeckt.

Trockenzeit bedeutet für viele Äthiopier Notzeit. Die Gudschis kennen keine Vorratshaltung. Sie leben von der Hand in den Mund. Darum breitet sich nach einer schlechten Ernte immer viel Elend über große Bevölkerungsschichten aus. Besorgt schauen die Gudschis auf ihre großen Kinder, die schon am frühen Morgen mit den Kuh- und Ziegenherden ins dürre Land hinausziehen müssen, um etwas Nahrung für ihre Tiere zu finden. In guten Zeiten hängen Proviantsäckchen aus handgewobenem Tuch über ihren Schultern. Aber in diesen Wochen ziehen viele Kinder Morgen für Morgen ohne Proviant ins heiße Tiefland. Der Hunger treibt sie dazu, wilde, ausgetrocknete Beeren oder Blätter von Sträuchern zu essen. Die wirken wie Betäubungsmittel.

»Wenn die Kühe und Ziegen doch Milch gäben«, denke ich manchmal erschüttert. Dann wäre diesen Leuten schon ein großes Stück geholfen. Aber die Zebu-Kühe mit ihrem seltsamen Polster im Nacken sind so trocken wie das Land. Und die Ziegen, die in der Gudschi-Sprache »Rehe« heißen, geben genauso wenig Milch.

Durch die Hungersnot und unsere Hilfe auch bei Krankheiten, Trauer und Armut öffnen sich neue Familien und Gebiete, die für unsere Nothilfe und das Evangelium bisher noch kaum erreichbar gewesen sind.

BROT FÜR ARBEIT

Februar 1985. Oft erscheint uns unsere Arbeit wie ein Tropfen auf einen heißen Stein. Lohnt sich der Einsatz überhaupt? Die unerträgliche Hitze, die mühevollen Reisen. Dazu die entsetzliche Not, die uns von allen Seiten umgibt. Immer wieder müssen wir uns selbst daran erinnern: Alles, was wir im Namen von Jesus tun, lohnt sich. Denn es wird Freude sein bei den Engeln im Himmel über jeden Menschen, der umkehrt und sich dem lebendigen Gott zuwendet, heißt es in der Bibel. Durch verschiedene Programme versuchen wir, die Not zu lindern und Gudschis in die Gemeinschaft mit Jesus zu führen. Wo uns das gelingt, sind all die Mühen schnell vergessen.

Da es kaum befahrbare Wege ins Tiefland gibt, bauen wir mit Hilfe der Bevölkerung in verschiedenen Richtungen bis zu 20 Kilometer lange Feldwege aus. Nur so können wir diese von der Umwelt vergessenen Menschen mit Hilfsgütern erreichen.

Unser Programm nennt sich »Brot für Arbeit«. Jeder Gudschi, der mit einer Hacke oder Axt seine Tagesarbeit geleistet hat, bekommt von uns eine Ration Weizen oder Mais dafür oder was sonst noch an Lebensmitteln erhältlich ist. In diesen Hungerzeiten retten wir so zahllosen Menschen das Leben. Beim Straßenbau helfen uns täglich etwa 400 Gudschis. 1 000 Zentner Getreide haben wir bis jetzt ausgeteilt. Das Verteilen von drei Kilogramm Getreide für je vier Stunden Arbeit ist manchmal schwieriger als die Arbeiten im Straßenbau. Jeder will der Erste sein. Jeder denkt, der andere hat mehr erhalten. Das erfordert viel Nervenkraft für unsere äthiopischen Mitarbeiter aus

Ein Wasserdamm wird gebaut

christlichen Gemeinden, die für die Aufsicht verantwortlich sind.

Durch den Straßenbau und die täglichen Andachten für die Helfer sind an verschiedenen Orten bereits kleine Hausgemeinden unter den Gudschis entstanden. Das macht uns froh. Menschen erhalten Nahrung für Leib und Seele. Trotz mancher Probleme wächst auch unsere Bibelschularbeit. Für das neue Schuljahr haben sich 20 Studenten angemeldet. Die jungen Leute sind durstig, nicht nur nach Wasser, sondern nach dem Wasser des Lebens: Jesus Christus.

WAS GEGEN KRANKHEITEN HILFT

Immer wieder offenbart sich Gott durch Wunder. Soluka, einer der treuesten Gemeindemitarbeiter unserer Gegend, wird beim Grasschneiden von einer Schlange gebissen. Er ist bewusstlos und muss nach Hause getragen werden. Für einige Tage schwebt er in Lebensgefahr. Die Schlange hat ihn in seine rechte Wade gebissen. Die ganze rechte Körperseite ist gelähmt. Das passende Serum gegen Schlangenbisse ist so tief im Inland nicht aufzutreiben. Rein menschlich gesehen besteht also keine große Hoffnung mehr für den jungen Mann. Alles, was wir tun können, ist beten. Wir beten und fasten – und unser großer Herr hat ihn tatsächlich geheilt. Danke, himmlischer Vater!

Im November, Dezember und Januar gibt es immer besonders viele Kranke. Das hängt mit den großen Temperaturschwankungen zusammen. Tagsüber ist es sehr heiß, die Nächte dagegen sind kühl, bis zum Gefrierpunkt. Edith hat in unserer kleinen Klinik alle Hände voll zu tun, die vielen Kranken zu versorgen. Glücklicherweise haben wir für die meisten Krankheiten wie Durchfall bis hin zu Malaria in der Regel die richtigen Medikamente da.

Viele Menschen haben während der extremen Dürreperiode Angehörige verloren. Eltern ihre Kinder. Und Kinder ihre Eltern. Die meisten Menschen hier leben von Landwirtschaft und ihren Herden. Nun stehen die Kleinbauern ohne ihre Viehherden und Ochsen zum Pflügen hilflos vor einer ungewissen Zukunft. Wie sollen sie sich ernähren? Es wird viele Jahre dauern, bis sich die Menschen körperlich und seelisch von der großen Katastrophe erholt haben. Wir helfen ihnen in ihrer Trauer und Not. Dafür brauchen wir viel Weisheit und unendlich viel Liebe.

ABSCHIED VON
UNSEREN KINDERN

Dezember 1985. Als Familie stehen wir vor einer großen Veränderung. Nachdem Michael und Andreas bereits in der »Rift Valley Academy« in Kenia zur Schule gehen, werden jetzt auch Samuel und Stephan im September dort weiterlernen. »Rift Valley« ist eine internationale Internatsschule für Missionarskinder. Unsere beiden Jungs freuen sich, obwohl mit gemischten Gefühlen. Wir sind dankbar, dass wir unsere Kinder in jeder Entwicklungsphase unserem treuen Herrn anvertrauen dürfen. Der Abschied ist keine leichte Entscheidung gewesen. Außer in den Schulferien werden Edith und ich hier nun ganz allein unseren Dienst tun. Ein neuer Lebensabschnitt beginnt!

Abschied

Das Abschiednehmen fällt schwer, obwohl es unseren Kindern im Internat gut gehen wird. Wir freuen uns schon auf die Weihnachtsferien, wenn dann nach dreimonatiger Trennung alle vier Buben wieder zu uns nach Äthiopien nach Hause kommen. Danach fliegt Michael, unser Ältester, zum Studium in die USA weiter. Vorher ist er noch einige Monate bei uns, was uns ein besonderes Geschenk bedeutet. Die meisten der äthiopischen christlichen Mitarbeiter, die wir ausgebildet haben, sprechen Amharisch. Da unser Michael gut Amharisch kann, ist er uns im »Brot-für-Arbeit«-Programm während dieser Monate eine wertvolle Hilfe.

Der Tag ist gekommen. Nun müssen wir uns von Michael für lange Zeit verabschieden. So etwas schmerzt. Oft bleibt uns nur die Verbindung zu unseren Kindern durch Briefe, gelegentliche Anrufe und im Gebet. Besonders schwer wird es uns fallen, wenn es bei ihnen um wirklich wichtige Entscheidungen geht – zum Beispiel in Bezug auf die Partnerwahl oder den künftigen Beruf. Doch haben wir bis jetzt im Blick auf unsere Kinder immer die Güte und Treue unseres lebendigen Gottes erfahren. Ihm vertrauen wir auch weiterhin, dass er alles wohl machen wird, auch im Leben unserer Kinder.

VERGESSENE MENSCHEN

Dezember 1985. Nachdem uns die Bevölkerung des Bio-Tals ein schönes Stück Land zur Verfügung gestellt hat, kommt ein älterer, allseits respektierter Herr auf uns zu und sagt: »Wir waren vergessene Leute, bis ihr zu uns gekommen seid. Wir waren am Verhungern, als ihr uns Getreide und saubereres Wasser gebracht habt. Nun helft ihr uns auch noch in unserer Krankheitsnot. Wir wollen euch mit Freuden aufnehmen und unseren Teil dazu beitragen, dass ihr euch bei uns wohlfühlt.«

Gottes Zeitplan ist perfekt. Auf seine Führung können wir uns verlassen. Manchmal schämen wir uns, dass wir uns so viel Sorgen machen, anstatt immer auf Gott zu vertrauen. Er weiß doch, wie und wann und auf welche Weise er helfen will. Das »Brot-für-Arbeit«-Programm läuft gut. Dadurch versorgen wir weiterhin täglich etwa 300 Familien mit dem nötigen Getreide, und die Wege ins Inland der Gudschis werden besser. Wir sind allen Spendern in Deutschland und der Schweiz sehr dankbar für ihre finanzielle Hilfe, durch die wir die nötigen Werkzeuge, Materialien und besonders das Getreide kaufen können.

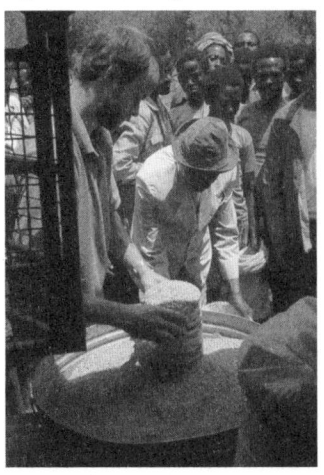

Die neue Straße nimmt langsam Gestalt an. Doch der Weg von uns bis zur Baustel- *Aus Weizen wird Brot*

le ist nur eine einfache geebnete Erdpiste. Es ist schwer, das Baumaterial, sofern es überhaupt erhältlich ist, dorthin zu transportieren.

Manchmal liegen die Aufgaben wie ein riesiger Berg vor uns. Wird unsere Kraft ausreichen? Das Gebiet der Gudschis, die das Evangelium noch nicht gehört haben, ist riesig, so groß wie ganz Baden-Württemberg. Trotzdem schenkt Gott uns täglich die Kraft, weiterzuarbeiten. Jahrhundertelang regieren Angst, Gewalt und Tod in diesem Land. Jetzt scheint zum allerersten Mal ein Licht in all die Dunkelheit: das Evangelium. Gottes Wort verändert Menschen. Das erleben wir hier täglich – deshalb machen wir weiter.

DIE SCHREINE DER AHNEN

Die Gudschis beten zu einem Schöpfergott, den sie Waka nennen. Ein guter, aber unerreichbarer Gott. Parallel bestimmen Geisterglaube und Ahnenverehrung ihr Leben. Kommt ein Baby zur Welt, wird die Nachgeburt im Haus der Frau begraben, weil man so die Mutter und ihr neugeborenes Kind vor finsteren Mächten schützen will. Eine Frau mit einem kleinen Kind muss immer einen Dolch bei sich tragen, damit sie ihr Neugeborenes notfalls gegen angreifende böse Geister schützen kann. Die Angst vor der Geisterwelt bestimmt den Alltag der Menschen hier oft bis ins Kleinste. Eigentlich sind sie wirklich Sklaven ihrer Angst, was uns motiviert, ihnen von Jesus weiterzusagen, der stärker ist als alle bösen Mächte und ihnen echte Freiheit und ewiges Leben anbieten will.

Die Gudschis bauen den Geistern der Ahnen Heiligenschreine. Die meisten dieser Schreine findet man an den Fußwegen zu ihren Marktplätzen. Es sind dicht beieinanderstehende Zedern oder ein einzelner großer Felsbrocken. Für Probleme jeder Art bringen sie bei diesen Schreinen ihre Tieropfer dar. Je größer das Problem, desto aufwendiger sind auch die Opfer, mit denen sie die Geister wieder beschwichtigen müssen – angefangen von einem Gockel bis hin zu einem ausgewachsenen Stier. Manche Händler opfern auf ihrem Weg zum Markt ein Geldstück, weil sie sich von den Geistern Hilfe dabei erhoffen, ein gutes Geschäft zu machen.

Einmal komme ich dazu, als mein Nachbar ein Bündel frisch geschnittenes Gras opfert. Ich frage ihn, warum er das macht. Er meint: »Ich bitte die Geister, dass sie mein Leben immer so frisch und gesund erhalten wie dieses Gras.« Auch Maiskolben werden gerne geopfert, mit der Bitte um einen guten Ertrag von den Feldern.

Während des Straßenbaus nach Bio müssen wir einen Schrein abholzen, weil er der neuen Straße im Weg steht. Die Gudschi-Helfer aus der betreffenden Gegend weigern sich lautstark weiterzuarbeiten, als sie das mitbekommen. Sie haben schreckliche Angst vor dem Zorn der Geister dieses Schreins. Mit Entsetzen beobachten sie, wie ich den ersten der fünf Zedernbäume fälle. Aber nichts geschieht. Immer noch zitternd vor Furcht, machen sich die Gudschis vorsichtig wieder an die Arbeit. An diesem Abend haben sie eine Menge Gesprächsstoff an ihren Lagerfeuern.

In einem anderen Fall haben erboste Dorfbewohner einem Christen das Haus abgebrannt, weil er sich erlaubt hatte, nur einige Äste eines Schreins abzuhauen. Die Gudschis fürchten sich sehr vor der unsichtbaren Welt. Wenn sie ihr Haus verlassen, um zum Markt zu gehen oder einen Besuch zu machen, und sie hören auf ihrem Weg einen Rotschnabel-Nashornvogel auf ihrer linken Seite, ist das kein gutes Zeichen für sie. Dann gehen sie lieber wieder nach Hause. Oftmals, wenn ich den braun und weiß gezeichneten Vogel über mir fliegen sehe, muss ich daran denken, dass in unserer Nachbarschaft Leute wohnen, die sich vor diesem Vogel verneigen und ihn anbeten.

Die Verehrung der Ahnengeister ist allgegenwärtig. Auf meinen Fahrten durchs Gudschi-Land komme ich oft an einem Haus vorbei, in dem ich einmal eine außergewöhnliche Erfahrung in dieser Hinsicht gemacht habe:

Wir haben Weizen in diesem Haus aufbewahrt für unser »Brot-für-Arbeit«-Programm. Als wir morgens den Weizen wieder abholen wollen, liegt eine Kobra vor den Säcken. Wir bewaffnen uns mit Stöcken. Plötzlich fängt eine Frau hinter uns ganz furchtbar an zu schreien: »Werft die Stöcke weg.

Tötet die Schlange nicht!« Wie eine Furie hält sie uns fest. Ihre Augen funkeln zornig. Wir entschuldigen uns bei ihr und lassen von der Schlange ab. Da lässt sie uns los. Später erfahren wir, dass die Leute in diesem Ort Schlangenanbeter sind. Sie lassen die Schlangen sogar Milch aus ihrer hohlen Hand lecken, ohne dabei Schaden zu nehmen, heißt es. Eine spannende, aber sicher manchmal auch tödliche Tradition. Satan, der den ersten Menschen in der biblischen Schöpfungsgeschichte bereits als Schlange begegnet ist, hat noch viel Macht im Gudschi-Land. Aber Jesus ist der Sieger über alle Mächte der Finsternis. Das erleben die neuen Christen hier oft hautnah.

EINE STRASSE DURCH EIN
MEER VON DORNEN

März 1986. Auf unserem Weg in ein Gudschi-Dorf müssen wir eine weite Tiefebene durchqueren. Auf bis zu 40 Grad steigt das Thermometer. Glücklicherweise gibt es den Schatten der schönen, großen Schirmakazien, die, soweit das Auge reicht, das Tal bedecken. Alles ist staubig, trocken und ausgedörrt.

Wir sind dabei, einen Feldweg ins Tiefland für den Landrover zu bauen. Er soll an einem zehn Kilometer langen Berghang entlangführen, der hoffnungslos mit dornigem Gestrüpp überwuchert ist. Auf der Suche nach dem besten Durchgang kommen mein Mitarbeiter Mekuria und ich auf eine kleine Lichtung mit mannshohem Gras. Plötzlich

Mühsame Arbeit

schreit Mekuria, der einige Schritte hinter mir gegangen ist, kurz auf und fängt an zu rennen. Unwillkürlich laufe ich mit. Wie gut! Denn eine Kobra streckt gerade ihren Kopf über das hohe Gras, zum Angriff bereit. Das war knapp! Wie wäre es wohl ausgegangen, wenn wir nähere Bekanntschaft mit ihr gemacht hätten?

Da es so viele wilde Tiere in diesem Buschland gibt, hört man an manchen Tagen ab und zu Schüsse. Das bedeutet in der Regel: Gudschi-Jäger auf Antilopenjagd.

Die Arbeit an der Straße geht nur langsam voran. Gnadenlos brennt die Sonne vom Himmel. Es ist unerträglich heiß. Die Kleidungsstücke kleben mir am Leib. Und wo der Körper nicht bedeckt ist, wird die Haut von der Sonne verbrannt. Ständig sind unsere Füße entzündet. Erst juckt es, dann tut es weh. Was ist der Grund? Anfänglich wissen wir es nicht. Nach einer Weile finden wir heraus, dass es sich um Sandflöhe handelt. Eine richtige Plage in dieser Gegend. Sandflöhe bohren sich unter die Haut und legen dort ihre Eier ab. Diese kleinen Blutsauger kann man mit bloßem Auge kaum erkennen. Wenn der Eiersack linsengroß wird, merkt man einen leichten Schmerz und muss dann den Floh mitsamt seinen Eiern herausschneiden. Außerdem leiden wir alle an den Stichen und Kratzern der Dornensträucher. Meter für Meter müssen sie weggeräumt werden. Es ist schon eine eigenartige Sache mit dem Gestrüpp des Tieflandes. Es gibt kaum ein Gewächs, das keine Dornen hat. Trotz dieser Widerwärtigkeiten schenkt Gott uns immer wieder neue Kraft und Freude für die Arbeit.

Heute entdecken wir einen Busch, von dem die Gudschis sagen, dass sich nicht einmal die Schlangen darin aufhalten wollen. Seine Dornen haben Widerhaken und sind extrem giftig.

Diese Straße ist eine echte Herausforderung! Mehr als ich gedacht habe. Werde ich durchhalten? Ist es nicht unverantwortlich, mit nur einer Niere durch diese Strapazen zu gehen? Eine Niereninfektion könnte meinen Tod bedeuten! Aber mein Herz brennt für die Gudschis, ich will sie nicht mit ihrer geistlichen und sozialen Not alleine lassen. Oft erinnere ich mich an die Worte der biblischen Königin Esther: »Wenn ich umkomme – dann komme ich um.« (Esther 4,16). Immer wenn ich körperlich und mit meinem Glauben am Ende bin, lässt Gott mich wissen: »Meine Entscheidung für dich steht fest, ich helfe dir. Ich unterstütze dich, indem ich mit meiner siegreichen Hand Gerechtigkeit übe.« (Jesaja 41,10).

Die wenigen Gläubigen unter den Gudschis sind voller Begeisterung und Dankbarkeit für das neue Leben in Jesus. Sie sind mir ein Vorbild. Wie treu sie das Evangelium weitersagen. Wo immer sie wohnen, entstehen kleine Gemeinden, weit verstreut an den Ausläufern des Hochlandes. Es ist so ermutigend. Wenn das nicht wäre, hätte ich sicher längst aufgegeben mit dem Straßenbau. Diese Bergwelt mit ihren bizarren Felsen und tiefen Tälern fasziniert mich. Wie Vogelnester kleben die Hütten der Bewohner an den Berghängen. Oft halte ich inne auf meinen Reisen und danke Gott für die Herrlichkeit seiner Schöpfung hier. Nicht umsonst spricht man von Äthiopien als einem wirklich schönen Land.

Auch wenn der Dienst oft schwer ist – er ist nicht nur Opfer, sondern immer auch ein Geschenk.

In der vergangenen Woche bin ich 40 Kilometer zu Fuß gelaufen, um eine kleine Gemeinde zu besuchen. Der Marsch hat sich gelohnt. Ich habe dort einen jungen Gudschi gefunden, der lesen und schreiben kann und seine biblische Grundausbildung bereits von anderen Missionaren in einem anderen Stamm erhalten hat. Er wird uns helfen, weitere Gudschis die Botschaft der Bibel nahezubringen. Wir beten, dass Gott durch seine Hilfe einen großen Segen in die Herzen der kleinen Schar gläubig gewordener Gudschis legt.

EINE MISSIONSSTATION
WIRD GEBAUT

Sommer 1986. Jetzt, da die Regierung endlich die Genehmigung für unsere Klinik erteilt hat, wollen wir in Bio mit dem Bau beginnen. Es soll eine Krankenstation entstehen, ein Familienhaus, ein Haus für zwei Einzelpersonen und eines für eine Bibelschule, an der wir auch Handwerker ausbilden. Ein Großteil des Geldes dafür verdanken wir unserem australischen Mitmissionar Mr. Michel, der sein Leben für die Gudschis gegeben hat. Er hat uns 22 000 Mark für die Arbeit unter den Gudschis hinterlassen, das Geld ist eine große Hilfe in diesen Tagen.

Dankbar sind wir auch für Andreas Brosi, einen Maurer, und Martin Kölli, einen Schreiner: Beide sind aus unserer Heimat gekommen, um uns zu helfen. Um solche Hilfe haben wir sehr gebetet und sie kam schneller als erwartet. Auch mit den Formalitäten hat der Herr uns geholfen. Das macht Mut.

Bald beginnt die Regenzeit. Deshalb müssen wir uns beeilen, das nötige Baumaterial ins Bio-Tal zu schaffen. Dazu benötigen wir zwei Lastwagen, die auf unserer mit viel Kraft und Schweiß gebauten, inzwischen zehn Kilometer langen, Straße zur neuen Station fahren können. Das nötige Baumaterial ist manchmal nicht erhältlich und der Transport mit allerlei Schwierigkeiten verbunden. Wir hätten lieber einfacheres Baumaterial als die schweren Hohlblocksteine verwendet. Doch die neue Regierung legt großen Wert auf solide gebaute Häuser. So haben wir in den letzten Wochen etwa 10 000 Hohlblocksteine, 400 Sack Zement, 800 Holz-

Die neue Klinik

stangen, 500 Wellbleche und andere Baumaterialien nach Bio transportiert. Es ist mühsam, aber es wird sich lohnen. Bei all den praktischen Arbeiten entstehen wertvolle Begegnungen mit den Gudschis. Auch durch den Bau der Straße knüpfen wir täglich neu gute Kontakte. Hier und da entstehen Gemeinden. Bald können wir die ersten sieben Gudschis in diesem Gebiet taufen. Staunend schauen wir zu, wie Gottes Wort die Menschen verändert. Wir müssen nur treu sein, sein Wort weiterzugeben. Für Wachstum und Ernte sorgt der Herr selbst.

EIN UNFALL MIT
SCHWEREN FOLGEN

August 1986. Es ist am späten Nachmittag. Mein junger Gudschi-Freund Semu und ich sind im Geländewagen unterwegs zur Missionsstation in Bio. Ich muss an einem steilen Berghang einen Geröllhaufen umfahren und komme dem Abgrund gefährlich nahe. Plötzlich rutscht das Fahrzeug, ich kann es nicht mehr vom Straßenrand weglenken. Ein schreckliches Gefühl. Als ob eine unsichtbare Macht mein Auto über den Straßenrand hinausschiebt. Semu schreit, dann kippen wir den Abhang hinunter. Der Wagen überschlägt sich ein paar Mal. Ich kann nur noch rufen: »Herr, hilf uns!« Dann wird mir schwarz vor Augen.

Im nächsten Augenblick rollt der Wagen den steilen Hang 100 Meter in eine Schlucht hinunter. Wir prallen gegen einen Baum. Ich werde aus dem Fenster geschleudert, während das Auto sich noch weitere 35 Meter in ein tiefer gelegenes Maisfeld überschlägt.

Als ich nach fast zwei Stunden wieder zu mir komme, liege ich am Straßenrand. Über mir verschwommene braune Gesichter. Ich höre ein Aufatmen. Lachen. »Er lebt! Er lebt!« Langsam wird mein Blick klarer. Alles tut weh. Ist denn keiner da, der mir eine Schmerzspritze geben kann? Langsam erinnere ich mich, was geschehen ist. Aber immer wieder reißt mir der Faden ab. Die Schmerzen werden unerträglich. Ist da keiner, der helfen kann? Mehr als zwei Stunden liege ich so am Straßenrand, bis ich Ediths Gesicht über mir sehe. Wie gut! Man hat Boten zu Fuß nach Bio geschickt, um

Edith zu holen. Aber ist da nicht noch ein junger Mann gewesen? Wo ist Semu? Schweigen. Wo ist mein junger Freund, mein Beifahrer? »Er hat den Unfall nicht überlebt«, sagen sie. Furchtbar. Ich kann meine Tränen nicht zurückhalten. Noch einen Blick den Abhang hinunter. Tief unten liegt mein völlig demolierter Geländewagen. Dann tragen sie mich davon ...

Ich muss einen Arzt aufsuchen, Edith fährt mich. Die Erschütterungen der holprigen Straße lösen jedes Mal furchtbare Schmerzen aus. Nach drei Stunden mühevoller Fahrt erreichen wir endlich einen deutschen Arzt. Mit mehr als 100 Stichen näht er alle meine Wunden. Einige Rippen sind gebrochen. Besonders dankbar sind wir, dass trotz der Schwere des Unfalls keine inneren Organe verletzt sind.

Der Tod des Beifahrers macht uns sehr zu schaffen. Warum lebe ich und er nicht? Was hat sich Gott dabei gedacht? Wir werden es nie erfahren. Wir können uns dem Willen Gottes nur beugen und ihm vertrauen. Seine Gedanken sind höher als unsere, sagt die Bibel.

Später erfahren wir, dass ein Zauberpriester der Gudschis einen Todeszauber über unser Auto ausgesprochen hat. Auf diese Weise wollte er unsere Arbeit und die Ausbreitung des Evangeliums aufhalten. Manchmal staunen wir auch über die Macht des Bösen. Wie werden Semus Angehörige reagieren? Werden sie jetzt Blutrache nehmen an diesem Zauberer und seiner Familie? Oder werden sie am Ende mir noch die Schuld an seinem Tod geben? Mir ist nicht wohl bei dem Gedanken. Aber es kommt ganz anders. Unerwartet anders:

AUS FLUCH WIRD SEGEN

Als die Gudschis sehen, dass ich am Leben geblieben bin, staunen ihre Stammesältesten: »Du musst ein wahrer Mann Gottes sein. Dein Gott hat einen ganz besonderen Plan mit deinem Leben, sonst wärst du wie dein Freund gestorben«, sagen sie. Andere meinen: »Der Gott der Ausländer ist stärker als unser Gott, das hat er bei dem Unfall bewiesen.« Einige Tage nach dem Unfall besuchen uns einflussreiche Gudschis mit Geschenken und ermutigen uns, bei ihnen zu bleiben. Manche bringen Butter und Eier mit, andere Hühner, einer sogar ein Schaf. Damit hatten wir nicht gerechnet. Gott bewirkt aus dem Fluch eines bösen Zauberers und einem schrecklichen Unfall solchen Segen. Von diesem Tag an erleben wir hautnah beinahe dasselbe mit, was in der Bibel in 5. Mose 23,6 beschrieben wird: »Er verwandelte den Fluch in einen Segen, weil der Herr, euer Gott, euch liebt...«

In den darauffolgenden Wochen kommen mehr als 50 Gudschis zum Glauben und noch viel mehr sind nachdenklich geworden durch den drastischen Unfall, dessen Augenzeugen sie gewesen sind. Wie ein Lauffeuer spricht es sich herum, dass Gott stärker ist als die Geister. »Wie kann jemand einen Todeszauber überstehen?!«, fragen sich die Gudschis. »Was ist das für ein starker Gott, dem der Missionar dient?« Ihn wollen sie kennenlernen. Neugierig stellen die Menschen ihre Fragen.

Der Unfall war schlimm. Ein ganzes Jahr lang kann ich nur mit Hilfe eines Stocks gehen. Aber was macht das schon: Die Tür zu den Herzen der Gudschis ist weit offen seither!

ENDLICH REGEN

September 1986. Endlich Regen. Viel Regen. Es ist so eine Freude für uns, den schweren Tropenregen täglich auf unser Blechdach prasseln zu hören. Neues Leben erwacht. Alles sieht so wunderschön grün aus. Wir hoffen und beten sehr, dass der Regen anhält und es dieses Jahr endlich zu einer guten Maisernte kommt. In der Zwischenzeit sorgt unser »Brot-für-Arbeit«-Programm weiter für die tägliche Nahrung vieler Gudschi-Familien unserer ganzen Region.

Durch die Hungerhilfe liegen drei anstrengende Monate hinter uns. Hinzu kommt der Straßenbau, der mich sehr beschäftigt. Im gesamten Hungerhilfsprogramm unserer Mission werden derzeit etwa 85 000 Menschen betreut. Jeden Monat verteilen unsere Kollegen und wir insgesamt 750 Tonnen Getreide an Notleidende, die wir dank der Spenden aus Europa in den Nachbarländern kaufen und in die äthiopischen Hungergebiete importieren können. Aus Amerika haben wir zum Teil direkt Weizen erhalten. Jetzt, in der Regenzeit, sucht die Malaria wieder viele Menschen heim. Wir können Medizin und andere lebensnotwendige Dinge weitergeben.

Den Regen nutzen wir aus, um neue Bäume rund um unsere Station anzupflanzen. Der »Falsche Bananenbaum« (Abessinische Faserbanane) ähnelt einer Bananenstaude und bewährt sich als guter Schattenspender. Er trägt zwar keine essbaren Früchte, beinhaltet aber dennoch das Hauptnahrungsmittel der Gudschis: Inset (Ensete) genannt. Sie essen das Mark des Stammes, der Wurzelknolle und der Blattscheiden. Die Abessinische Faserbanane wächst schnell, deshalb beschließen wir, gerade diese Bäume um die Häuser unserer Missionsstation herum anzupflanzen – mit erfreulichen Folgen: Als einer der leitenden Männer von Bio, ein sehr respektierter älterer Herr, uns besuchen kommt, drückt er seine Freude über die jungen Bäume in unserem Garten mit den Worten aus: »Nachdem ihr von eurem Gott und unserer Regierung die Erlaubnis erhalten habt, seid ihr zu uns gekommen. Darüber freuen wir uns sehr. Jetzt habt ihr auch noch Inset angepflanzt. Das ist ein deutliches Zeichen, dass ihr wirklich bei uns bleibt. Dafür danken wir euch …«

Was wir nicht wussten: Wenn ein Gudschi-Nomade sich an einem Ort niederlässt und rund um sein Haus Abessinische Faserbananen anpflanzt, dann drückt er damit aus, dass er es ernst meint und wirklich dauerhaft an diesem Ort wohnen möchte. So erleben wir in vielen Dingen, wie Gott uns in allem leitet, was wir tun. Selbst in den Belangen und Handlungen, bei denen wir eigentlich gar nicht wissen, warum wir sie tun. Unsere Gudschi-Nachbarn beobachten uns ganz genau und sie sehen, dass Gott, dem wir vertrauen, wirklich mit uns ist. Gibt es etwas, das mehr Mut macht?

GOTT VERTRAUEN
MACHT STARK

Mai 1987. Für viele Christen in Äthiopien trifft in diesen Tagen wieder das Wort zu: »In der Hungersnot bewahrt er dich vor dem Tod …« (Hiob 5,20). Und wir stehen mit unseren Hilfsaktionen wieder mittendrin und fragen uns erneut, ob unsere Hilfe nicht nur ein Tropfen auf den heißen Stein ist.

Doch Gott hat Mittel und Wege, um Christen auch in Zeiten der größten Stürme des Lebens zu bewahren. Immer wieder besuchen uns Gläubige und berichten, wie Gott ihnen mitten in schweren Nöten zur Seite steht. Mit Freude in den Augen erzählen sie: »Wenn der Hunger uns quälte, hat Gott uns Kraft geschenkt und Hilfe. Er hat Kranke wieder gesund gemacht und viele vor dem Tod bewahrt.« Wir staunen, was Gott aus unserem Dienst gemacht hat. Junge Christen, denen wir über Jahre hinweg Gottes Wort weitergesagt haben, sind gerade in den Zeiten der Traurigkeit und Not im Glauben an Jesus gefestigt worden. Die Speere an ihrer Seite töten nicht mehr. Der wachsende Glaube dieser Christen stärkt auch unseren Glauben wieder. Und doch tut es immer auch weh, wie die Menschen und Tiere – abgemagert, müde, durstig und hungrig – versuchen durchzuhalten, bis der lang ersehnte Regen endlich kommt. Nicht jeder schafft es – auch nicht jeder Christ. Freude und Leid liegen im Gudschi-Land oft so nah beieinander.

Inzwischen ist Regen gefallen und unsere Gegend wieder grün geworden. Der Mais wächst schon über einen Meter hoch. Aber es wird noch viel Hungerhilfe benötigt. Erst in ein paar Monaten kann die Ernte endlich eingebracht werden. Wir hoffen und beten, dass der Regen anhält, damit es nach den vielen Missernten endlich wieder zu einer guten Ernte kommt.

Unser Programm »Brot für Arbeit« hat einen guten Fortgang genommen. Täglich kommen Hunderte junger Männer mit ihren Hacken in der einen Hand und einem leeren Beutel in der anderen, um mit uns die Straße ins Bio-Tal weiterzubauen. Nach getaner Arbeit füllen wir ihre leeren Beutel mit Mais und helfen so, die Not zu lindern. Dankbar blicken sie uns an, wenn sie, nur mit einem Tuch um die Lenden gekleidet, schmutzig und schweißgebadet, unter einer leichten Verbeugung das wertvolle Getreide entgegennehmen und »egsiersteling« (Danke) sagen.

An einigen wichtigen Orten können wir wieder neue Quellen mit einer Betonmauer einfassen. Das saubere Trinkwasser für Mensch, Tier und Feld hat viele Gudschis vor Krankheit und Tod bewahrt.

In drei Dörfern halten wir Leseklassen in Verbindung mit Bibelunterricht ab. Damit befähigen wir junge Gudschis, die Bibel zu lesen und sich in der Gesellschaft zu behaupten. Es ist schön, wie sich unsere Schüler freuen, dass sie lesen und schreiben können. Eine völlig neue Welt tut sich ihnen auf, die bisher für sie verschlossen war.

FÜR JEDEN TAG EIN WORT

Juni 1987. Nach weiteren fünf Jahren Dienst in Äthiopien können wir endlich an einen Heimataufenthalt denken. Aber wer wird uns hier vertreten? Wir können die ganze Arbeit doch nicht einfach so zurücklassen? Gott weiß, dass wir ziemlich erschöpft sind und uns nach einer solchen Auszeit sehnen. Die letzten Jahre haben uns sehr gefordert. Wir fühlen uns wie die Jünger von Jesus auf dem See im Kampf gegen Wind und Wellen – aus Matthäus 14,23-27. Ein starker Wind steht ihnen entgegen. Aber im Augenblick allergrößter Gefahr kommt Jesus zu seinen Freunden und ruft ihnen zu: »Es ist gut!« und »Ich bin es! Habt keine Angst!« Diese Worte machen uns Mut.

»Habt keine Angst!« Nicht: »Nun seht mal zu, wie ihr klar kommt.« Nicht: »Reißt euch zusammen!« Sondern: »Ich bin es!«, sagt Gott. »Ich stehe hinter allem, was in eurem Leben geschieht. Ich habe alles unter Kontrolle. Fürchtet euch nicht!« Gott hat für jede Situation ein Fürchte-Dich-Nicht, ein Mut machendes Wort. Darauf verlassen wir uns. *Herr, schenke uns für jeden Tag ein Wort von dir. Du weißt, wie müde wir sind.*

Und Gott schickt uns tatsächlich Hilfe. Nach vielem Hin und Her mit dem Gesundheitsministerium erhalten zwei Krankenschwestern, die sich in Äthiopien auskennen, die Arbeitsgenehmigung für sechs Monate und können bei uns hier in Bio eingesetzt werden. In den letzten Wochen haben wir mit Hilfe der beiden jungen Männer, die uns zu Hilfe gekommen sind, die Klinik und das Wohnhaus für die Krankenschwestern fertiggestellt. Ohne den unermüdlichen Einsatz der beiden Helfer wären die Häuser noch lange nicht soweit.

Wir sind Gott so dankbar für die Art, wie er uns immer wieder Hilfe zukommen lässt. Er hat Mittel und Wege, die weit über unsere Vorstellungen hinausgehen, und er kommt nie zu spät. Es macht uns auch Mut, wie Gott seinen Segen auf die neuen Christen unter den Gudschis legt. Allein im vergangenen Monat sind zehn Hausgemeinden entstanden, die aus jeweils fünf bis 20 Familien bestehen. So eine Freude! Wir setzen unsere Bibelschüler für Dienste in diesen kleinen Gemeinden ein. So können sie das Predigen üben und gleichzeitig die neuen Christen ermutigen.

ZURÜCK IN ÄTHIOPIEN

1988. Unser Heimataufenthalt ist zu Ende. Wir freuen uns, wieder in Äthiopien bei den Gudschis zu sein. Durch den Heimatdienst wurde uns Äthiopien etwas entfremdet. Manches aus europäischer Sicht Befremdliche, an das wir uns im Laufe der Jahre gewöhnt hatten, fällt uns wieder auf. Beispielsweise, dass die Läden selbst in der Hauptstadt in Addis Abeba nicht viel Auswahl in den Regalen bieten. Wo man hinschaut, sieht man arme Leute. Es bewegt uns, dass so viele krank und abgemagert aussehen und oft nur dürftige Kleidung tragen.

Zurück bei den Gudschis. Was für eine Wiedersehensfreude bei unseren Freunden und uns. Viele Gudschis beklagen sich, dass die letzte Ernte nur sehr spärlich ausgefallen ist. Außerdem wütet südlich von Bio eine bewaffnete Auseinandersetzung mit einem Nachbarstamm. Sie haben so viele Tote zu beklagen wie noch nie in den zwölf Jahren, die wir bisher bei den Gudschis erlebt haben. Scharen von Flüchtlingen drängen sich in unsere Gegend. Das Militär versucht, Ruhe und Ordnung wiederherzustellen. Trotz der kritischen Lage ist unsere Missionsstation unversehrt geblieben – Gott sei Dank.

Wir besuchen die jungen christlichen Gemeinden der Umgebung. Sie sind weiter gewachsen, an einigen Orten haben sie während unserer Abwesenheit neue Zweiggemeinden gegründet, was uns sehr ermutigt. Manche Nachbarn, darunter ein bekannter Dieb, haben sich für Jesus entschieden.

Unser Straßenbauprojekt »Brot-für-Arbeit« hat im April ein erstes wichtiges Teilziel erreicht. Wir haben inzwischen mehr als 40 Kilometer Feldwege gebaut und sind auf dem Gelo-Berg angekommen, wo etwa 5 000 Gudschis wohnen, die wir gerne mit dem Evangelium erreichen möchten. Da die Gudschis dort eine eigene Sprache sprechen und die amharische Landessprache nicht verstehen, brauchen wir dringend einen Übersetzer. Doch wer von den ausgebildeten Äthiopiern will für längere Zeit in eine so wilde und verlassene Gegend wie zu uns nach Bio kommen? Mehr als ein halbes Jahr verstreicht, während wir den passenden Übersetzer suchen und Gott jeden Tag mit unseren Gebeten in den Ohren liegen.

Eines Morgens steht ein junger, ordentlich gekleideter Mann ohne den großen Dolch, den die Gudschis normalerweise im Gürtel tragen, vor unserer Tür. Er habe gehört, dass Ausländer eine Klinik im Bio-Tal aufbauen. Und da er gerade sein zwölftes Schuljahr beendet habe, sei er auf der Suche nach Arbeit. Etwa 15 Kilometer ist er zu Fuß zu uns gekommen, aus einer Gegend, in der es noch keine Straßen gibt. Viele Jahre lebte er getrennt von seinen Eltern in einer Stadt, wo er die Schule besuchen konnte. Dort hat er auch zum Glauben an Jesus gefunden. Wir staunen über Gottes Antwort auf unsere Gebete.

Seit drei Monaten arbeitet er nun mit uns. Je länger wir mit ihm unterwegs sind, desto tiefer wird unsere Freundschaft zu ihm. Er heißt Maridu, was übersetzt bedeutet: »Herr, sei mir gnädig.« Zusammen mit seiner Mutter, die ihm diesen Namen gegeben hat, beten wir für die vielen noch unerreichten Gudschis: »Herr, sei uns allen gnädig.«

DEN GUDSCHIS EIN GUDSCHI

Juli 1988. In der Bibel fordert uns der Apostel Paulus auf, Angehörigen anderer Völker, denen wir von Jesus weitersagen wollen, gleich zu werden, damit sie unsere Botschaft verstehen und annehmen können (vgl. 1. Korinther 9,20-23). Manchmal bezweifeln wir, ob wir den Gudschis jemals in dieser Weise zu echten Gudschis werden können. Und doch: Umgeben von Grashäusern, Eselsgeschrei und den speziellen Düften fühlen wir uns sehr zu Hause hier. Auch an das andere Arbeitstempo haben wir uns gewöhnt. Und wir haben den Eindruck, dass viele Gudschis uns inzwischen tatsächlich als die Ihren betrachten. Besonders gefällt es ihnen, wenn sie uns unterwegs zu Pferd antreffen, wie sie selbst reisen. Sie freuen sich, wenn wir nach mehrstündigem Ritt in einem ihrer Häuser einkehren und mit ihnen Gemeinschaft

Unterwegs mit den Gudschis

pflegen. Auch wir haben unsere Freude daran, ihren nach Gudschi-Art gewürzten Kaffee mit Salz und ranziger Butter zu trinken und die gekochten Maiskörner mit ihnen zu essen. Gastfreundschaft geht hier über alles.

Obwohl das Land friedlich aussieht und jetzt in der Regenzeit wunderschön grün ist, trügt der Schein. Das merken wir besonders in unserer kleinen Klinik. Wir müssen ständig Speerwunden und Messerstiche verarzten.

Vor einigen Tagen hat man abends gegen 21 Uhr einen Mann zu uns gebracht, dessen Kopfhaut mitsamt dem rechten Ohr mit einem schwertartigen Messer bis auf den blanken Knochen abgetrennt worden ist. Der schrecklich zugerichtete Verwundete ist von seinem Bruder mehr als sechs Kilometer hierher getragen worden. Beide sind blutüberströmt. Edith weiß kaum, wo sie mit der medizinischen Arbeit anfangen soll. Durch den großen Blutverlust, die starken Schmerzen und die Todesangst befindet sich der Patient in extrem kritischem Zustand. Er benötigt dringend einen Arzt. Über die holprige, rutschige Straße bringen wir den Schwerkranken ins 60 Kilometer entfernte größere Krankenhaus.

Während wir unterwegs sind, rächen sich die Freunde des Verwundeten an dessen Widersacher, sie spalten ihm kurzerhand mit einem Schwert den Schädelknochen. Die Menschen unserer Gegend, die Jesus und seine Botschaft der Liebe noch nicht kennen, handeln konsequent nach den brutalen Regeln ihrer Vorfahren. Als wir um zwei Uhr nachts also endlich wieder nach Hause kommen, finden wir erneut einen Schwerverwundeten bewusstlos an unserer Kliniktür vor. Edith sieht sofort, dass sie eine solche Verletzung hier nicht behandeln kann. Erneut machen wir uns mit einem Verwundeten auf den Weg ins Krankenhaus. Inzwischen regnet es noch heftiger, sodass wir uns mit Schneeketten an den Vorder- und Hinterrädern unseres Geländewagens durch den Morast quälen müssen. Was für eine Nacht!

Die Sonne geht auf, als unser Auto den letzten Hügel vor unserer Station hinunterrollt. Ich muss an die Geschichte von Jakob aus der Bibel denken. Er hatte die ganze Nacht gerungen, und als er an Pniel vorüberkam, ging ihm die Sonne auf. Wir sind erschöpft, aber tief in uns wohnt eine Freude, wie sie nur Jesus schenken kann. Beide Verwundeten haben die nötige Hilfe erhalten und überlebt. Sie und ihre Freunde fragen sich vielleicht, warum wir Fremden uns solche Mühe mit ihnen geben – wir beten, dass sie dadurch über Glaubensfragen ins Nachdenken kommen.

WENN MENSCHEN UNNÖTIG STERBEN

Die grenzenlose Not, von der wir hier umgeben sind, drückt uns manchmal nieder: »Herr, warum lässt du all das Leid zu?«, fragen wir uns. Beispielsweise wenn Menschen sterben, nur weil wir durch die starre Bürokratie vonseiten der Regierung einen dringend benötigten Impfstoff nicht erhalten haben. Oder wenn Patienten erst viel zu spät zur Behandlung gekommen sind und deshalb unter unseren Händen sterben. Nie werden wir uns an das Elend im Gudschi-Land gewöhnen.

In der Klinik benötigt Edith viel Weisheit. Sie muss als Krankenschwester ohne Arzt auskommen. Damit ist sie im Grunde selbst »der Doktor« für unsere ganze Gegend. Die Patienten werden drei bis vier Tagesreisen weit zu uns gebracht. In allem muss sich Edith auf ihr eigenes Urteil verlassen. Hat sie die richtige Diagnose gestellt? Es gibt wenig diagnostische Hilfsmittel. Viele unterernährte Kleinkinder gehören zu unseren Patienten. Die traditionelle Nahrung der Gudschis ist einseitig. Dadurch leiden die Kinder an Mangelerscheinungen, die ihre Widerstandskraft gegenüber einfachen Krankheiten herabsetzen. Es tut weh. So viele Gudschi-Kinder sterben an Durchfall, Keuchhusten und Masern. Kinder, die wir retten könnten, wenn wir die nötigen Medikamente und Impfstoffe hätten. Diese Mittel zu beschaffen ist nicht einfach. Seit Monaten versuchen wir, die nötigen Genehmigungen der Regierung dafür zu erhalten. Die Behörden zur Hilfe zu bewegen, ist ein langer, mühevoller Weg, der durch zahlreiche Bestimmungen behindert wird.

Zurzeit besuchen wir entlegene Gehöfte, um herauszufinden, wie viele Kleinkinder sich in den Häusern der Gudschis befinden. Wenn wir diese Informationen gesammelt haben, so versprach man uns, werden wir den nötigen Impfstoff endlich erhalten. Vor Ort in den Hütten rückt uns die abgrundtiefe Not und Finsternis, in der die Gudschis leben, erschreckend nahe. Wir wissen gar nicht, wo wir anfangen sollen: Masern und Keuchhusten sind nur ein ganz kleiner Teil der Probleme. Wir beten, dass durch all die Kontakte und Gespräche noch viele Gudschis Jesus begegnen, der ihnen ein neues, ewiges Leben schenken will.

Inmitten von Tragödien baut Gott seine Gemeinde. Es vergeht kaum eine Woche, in der nicht einige Gudschis zum lebendigen Glauben an Jesus Christus finden. Wir retten Menschenleben medizinisch und geistlich. Das gibt uns immer wieder neu Freude und Mut.

DIE KRAFT DES GEBETS

Oktober 1988. Die Macht der Finsternis ist hier oft spürbar. So wie der höchste Zauberpriester der Gudschis es kürzlich in einem Traum erlebte: Er sah den Teufel auf einer Hyäne zu seinem Haus reiten und sich beklagen, dass nicht mehr genügend für ihn geopfert werde, weil die Botschaft der Bibel sich so verbreitet. Einerseits erfreulich, so etwas zu hören. Aber auch bedrohlich.

Wir wissen, dass es bei unserer Arbeit nicht nur um den Kampf gegen das mörderische Klima hier geht, sondern auch um eine Auseinandersetzung mit den Mächten der Finsternis. Die Gudschis sind gefangen im Geisterglauben und Okkultismus. Ihr Leben ist von der ständigen Furcht bestimmt, dass sie irgendetwas falsch machen oder eine Tradition missachten könnten und damit die Geister verstimmen. Wenn die Geister etwas gegen einen Menschen haben, dann schicken sie ihm Unglück, Krankheit und Tod ins Haus, glauben sie. Der geistliche Kampf will uns manchmal unsere Kraft und unser Vertrauen in Gott rauben. Menschen aus dieser geistlichen Finsternis für Jesus zu gewinnen, ist unser Ziel.

Für uns persönlich sind die vergangenen Monate äußerst bewegt gewesen. Aber die christlichen Gemeinden der Gudschis stehen mit ihren Gebeten und Mut machenden Worten voll hinter uns. Ein treuer Freund sagt zu uns: »Dem Feind, Satan, gefällt es nicht, dass ihr uns im Wort Gottes unterrichtet, deshalb habt ihr so viele Probleme. Man spürt, dass böse Mächte euch behindern wollen. Jedes Mal, wenn eine Ältestenschulung oder etwas Ähnliches geplant ist, passiert euch etwas, das euch davon abhalten soll. Wir beten in den Gemeinden und in all unseren Häusern für euch.«

Verkündigung!

Es gibt auch viel Frohmachendes in unserem Dienst. Die Bibelschularbeit, in der Edith und ich den Unterricht gestalten, macht Fortschritte. Für das neue Jahr haben sich 22 junge Leute angemeldet. In einer Zweiggemeinde, 18 Kilometer entfernt und nur zu Fuß oder mit dem Pferd zu erreichen, können wir eine zweite Bibelklasse beginnen. 17 Gläubige versammeln sich dort täglich, um das Wort Gottes besser kennenzulernen. Mit Begeisterung geben unsere Bibelschüler an den Wochenenden in anderen Dörfern weiter, was sie unter der Woche gelernt und mit Gott erlebt haben. Täglich kommen Menschen zum Glauben an Jesus. Sie werden sichtbar befreit von der Angst vor bösen Mächten. Dies ist die große Hoffnung, die uns ermutigt und uns die Kraft verleiht weiterzumachen.

Auch unser zweites Tauffest ist eine enorme Ermutigung für uns und die Gudschi-Christen. Siebzehn Personen bezeugen in der Taufe, dass sie ab sofort mit Jesus leben wollen. Ein weiterer Höhepunkt ist die kleine Konferenz, zu der mehr als 200 Christen gekommen sind. Manche von ihnen gehören zu Hauskreisen, die acht Stunden Fußweg voneinander entfernt liegen. Bei dieser Konferenz haben wir die ersten vier jungen Männer eingesegnet, die unsere vierjährige Bibelschulausbildung erfolgreich abgeschlossen haben. Zwei von ihnen sind gute Evangelisten. Insgesamt ziehen inzwischen bereits fünf Gudschis als Prediger in ihrem eigenen Volk umher, um den Menschen von Jesus weiterzusagen. Ihre Arbeit trägt Früchte. Aus Aberglaube und Zauberei mit manchen grausamen Ritualen schafft Gott sich neue christliche Gemeinden im Volk der Gudschis.

Unsere Mitarbeiter haben alle Hände voll zu tun, die Neubekehrten zu unterrichten. Die meisten Gudschis können nicht lesen und schreiben. Außerdem gibt es noch keine Bibel in ihrer Sprache. Doch der Hunger nach dem lebendigen Wort Gottes, das ihr Leben verändert, ist so groß, dass sie den ganzen Sonntag zusammen sind, um auf Erzählungen aus der Bibel zu hören. Und nicht nur zu hören. Wenn zum Beispiel von Vergebung die Rede ist, bringen sie im Anschluss an die Gottesdienste öffentlich ihre Fehler untereinander wieder in Ordnung. Das Gehörte wird sofort in die Tat umgesetzt. Solchen Gehorsam segnet Gott.

Ein weiteres Kennzeichen unserer jungen christlichen Gemeinden ist die Liebe für die Menschen. Sie leben die Liebe Gottes wirklich aus. Selbst gegenüber solchen Nachbarn und Angehörigen anderer Stämme, die Gottes Vergebung noch nicht kennen und immer noch umherirren, um andere zu überfallen, Vieh zu stehlen und Rache zu üben. »Liebt eure Feinde«, diese Worte von Jesus leben sie wirklich. Heute haben wir miterlebt, wie mehrere Gemeinden ihren Pastor in eine noch unerreichte Gegend ausgesandt haben, damit er dort von Jesus weitersagt. Sie unterstützen ihn treu von dem Wenigen, was sie besitzen. Wir staunen immer wieder, wie unsere neuen christlichen Gemeinden nach innen und nach außen wachsen.

Eine unserer wichtigsten Aufgaben bleibt weiterhin der Bibelunterricht in den zwei Dörfern. Die Gemeinden wachsen, doch sie erleben auch heftigsten Widerstand. Wie können wir ihnen helfen? Wir brauchen den Rückhalt unserer Freunde in der Heimat, die im Gebet für uns und die Gudschis vor Gott einstehen. Gebet verändert Menschen und Situationen, weil Gott die Kraft zu echter Veränderung hat.

Die Verbundenheit mit den Freunden in der Heimat, ihre Gebete und ihr Interesse ist die stille Kraft unserer Arbeit. Ein älterer Herr aus Deutschland schrieb uns kürzlich: »Das Gespräch, das meine Frau und ich so oft mit unserem Herrn Jesus Christus haben, ist bewegt von der Liebe zu euch, vom Denken an euch und dem Danken für euch. Wie könnte das auch anders sein! Ihr habt in unseren Herzen euren Platz, auch eure vier Söhne. Dass Gott die notvolle Situation durch den Unfall damals so zum Segen hat werden lassen, macht uns froh und dankbar. Das sind Gottes Wunderwege mit seinen Kindern. Nichts kann uns scheiden von der Liebe Gottes in Christus Jesus, unserem Herrn. Und Ihm dienen wir weiter, auch wenn ich manchmal spüre, dass ich im 83. Lebensjahr bin.«

Solche Briefe ermutigen uns sehr. Es ist schon eine großartige Sache mit dem Gebet. Manchmal im vergangenen Jahr haben wir die Erfahrung gemacht, dass die Last und der Druck, unter denen wir hier leben und arbeiten, auf einmal wie weggenommen sind. Wenn wir nach der Ursache gesucht haben, so stellen wir jedes Mal fest, dass unser neuester Rundbrief genau zu diesem Zeitpunkt die Freunde in der Heimat erreicht hat und sie vermehrt für uns gebetet haben. Wie in der Bibel: Als Israel gegen die Amalekiter siegte, als Mose seine Hände erhob. So dürfen auch wir erfahren, dass die Arbeit leichter geht, wenn Freunde für uns beten. Wir lernen immer mehr, in allem, was uns geschieht, mit Gottes Allmacht zu rechnen.

DEN DIEBEN AUF DER SPUR

November 1988. Die letzten Wochen und Monate sind für uns eine bewegte Zeit gewesen. Wir haben mancherlei Anfechtungen durchlebt. Jetzt heißt es, auf Jesus zu sehen und uns nicht von den Umständen erdrücken zu lassen. Die Verheißungen Gottes aus der Bibel sind unsere Kraft. Oft orientieren wir uns an Römer 8,28 – da heißt es: »Und wir wissen, dass für die, die Gott lieben und nach seinem Willen zu ihm gehören, alles zum Guten führt.« Daran halten wir uns fest. Unser Vater im Himmel meint es immer gut mit uns, selbst wenn vieles, was wir erleben, schwer ist. Nur ein Beispiel: Seit wir hier in Bio wohnen, hat man trotz Nachtwächter schon dreimal bei uns eingebrochen. Die großen Mengen Weizen, die wir für das Programm »Brot für Arbeit« in unserem Lagerraum aufbewahren, sind zu verlockend.

Unsere Nachbarn haben die gleichen Probleme wie wir: Einem wird eines Nachts seine gesamte Gerstenernte gestohlen. Er hatte die Garben zu einem großen Haufen neben seiner Haustür aufgestapelt, um eventuelle Diebe besser hören zu können. Die Räuber kommen meist in regnerischen Nächten, weil dann Wind und Regen die feineren Geräusche übertönen. Als der Mann am Morgen den Diebstahl entdeckt, ruft er seine Nachbarn zusammen. Nach kurzer Besprechung macht sich eine kleine Gruppe Männer auf den Weg, um den Dieb zu suchen. Die Spur führt zu einem Gehöft, das zwei Kilometer entfernt auf der anderen Seite des Tals liegt. Als wir sie später fragen, wie sie die Räuber so schnell finden konnten – denn alle Gerste sieht ja gleich aus –, verraten sie es uns: »Wenn man Gerstengarben trägt, fallen immer wieder kleine Halme auf den Weg. Es war einfach, am frühen Morgen ihre Spur zu finden.« Ja, da haben wir wieder etwas dazugelernt.

Weil die Diebstähle in den vergangenen Monaten überhandgenommen haben, versammeln die Ortsvorsteher unserer Region eines Tages alle Leute, um sie schwören zu lassen, dass sie keine Diebe sind. Geschworen wird bei einem vom Zauberpriester besprochenen Speer. Vorher behaupten die Zauberer, dass jeder vom Geist im Speer getötet werde, der einen falschen Eid abgelegt habe. Viele Christen geraten bei dieser Zeremonie in Schwierigkeiten, denn sie möchten nur bei der Bibel schwören. Die Clanführer der Gudschis wollen leider mit Gott und der Bibel nichts zu tun haben, sie gehen nicht auf den Wunsch der Christen ein. Also wandern die meisten Gemeindeglieder erstmal ins Gefängnis. Trotz solcher Probleme wachsen die kleinen Gemeinden schnell.

WEIHNACHTEN BEI DEN GUDSCHIS

Noch stehen wir unter dem Eindruck des äthiopischen Weihnachtsfestes am 7. Januar:

Wir sind eingeladen in eine christliche Gemeinde, die drei Stunden Fußweg von Bio entfernt liegt. Schon der Weg dorthin ist ein Erlebnis: Als wir gemeinsam mit einem Gudschi-Christen unserem Ziel entgegenwandern, erzählt er uns lebhaft, wie Jesus ganze Familien dieser Region aus großer geistlicher Finsternis gerettet hat. Manchmal bleibt er stehen und zeigt auf ein Feld, das von einem Christen bebaut wird. Oder auf ein Haus, in dem die ganze Familie erst vor kurzem zum christlichen Glauben gefunden hat. Wir staunen, wie Gott an diesem Volk handelt, das früher so für seine Grausamkeit gefürchtet war.

Je näher wir unserem Ziel kommen, umso mehr Weggefährten begleiten uns. Alle freuen sich auf das gemeinsame Weihnachtsfest. Die Frauen tragen Körbe mit Indscherra auf dem Kopf, dem äthiopischen Fladenbrot. Denn nach der Weihnachtsfeier gibt es ein gemeinsames Festessen. Zum Indscherra wird die mit viel scharfen Peperoni, Knoblauch und Zwiebeln gewürzte Fleischsoße gereicht, das leckere Wot. Wir freuen uns schon darauf.

Etwa 200 Gläubige sind zusammengekommen. Das Versammlungshaus, eine einfache Grashütte, ist viel zu klein. Schnell wird sie durch ein Schattendach erweitert, das die Männer mit Ästen von Sträuchern vorbereitet haben. Wir setzen uns auf den Boden, auf einen herrlich duftenden Teppich aus Eukalyptusblättern. Es wird still. Ein Ältester steht

Großversammlung

auf und beginnt den Gottesdienst mit den Worten: »Wisst ihr noch, wie es war, bevor wir die Geburt von Jesus feierten? Wir waren nur mit unserem Alltag beschäftigt, mit den Tieren unserer Herden. Wir sind zum Markt gegangen und haben unsere Gerste verkauft. Heute ist das anders. Wir haben eine Freude, die weit über unseren Alltag hinausreicht. Wir dürfen uns freuen, dass unser Retter Jesus Christus für uns geboren wurde.« Dann wendet er sich mit einem strahlenden Lächeln an die Frauen: »Wenn bei euch ein Kind geboren wird, macht ihr ein Freudengeschrei. Warum seid ihr jetzt so still?« Das muss er ihnen nicht zweimal sagen. Die Frauen beginnen ein ohrenbetäubendes, schrilles, in höchsten Tönen klingendes Freudengeschrei für Jesus. Unglaublich. Wie glücklich diese Menschen über das neue Leben in Jesus sind. Wie dankbar sie sind, dass wir ihnen die Frohe Botschaft nicht verheimlicht haben. Diese Dankbarkeit kommt nach der Predigt auch durch ihre Opfergaben zum Ausdruck. Ein junger Mann bringt eine Kuh ins Haus

Gottes, ein anderer ein Schaf. Einige Frauen opfern schöne Handarbeiten, andere kostbaren Schmuck. Fast den ganzen Tag über sind wir zusammen und feiern.

Dann bringt eine Frau eine Ziege in die Kirche und erzählt, dass sie während der Trockenzeit sehr krank geworden ist, sodass sie ihre Kinder nicht mehr versorgen konnte. Weil der Herr sie alle wieder gesund gemacht hat, schenkt sie Gott nun diese Ziege. Eine Ziege ist etwa so viel wert wie ein Arbeiter hier in einem Monat verdient, ein echtes Opfer. Ein Junge schenkt Gott einen Korb voll Bananen, ein Mädchen bringt ein Huhn nach vorne. Jeder will mit seiner Gabe dem Herrn danken.

Ein alter Mann steht auf und dankt Gott, dass er einen Stier, der ihn gestoßen hat, gut verkaufen konnte. Das ist etwas Besonderes. Es zeigt sein neues Vertrauen in die Macht und Kraft Gottes. Denn die Gudschis haben einen alten Brauch. Wenn ein Stier jemanden stößt, muss der Zauberpriester das Tier normalerweise schlachten und untersuchen. Findet er in den Gedärmen auch nur das kleinste Anzeichen, dass böse Mächte das Fehlverhalten des Tieres mitverursacht haben könnten, muss sofort ein weiterer Stier als Versöhnungsopfer geschlachtet werden. Das Fleisch beider Tiere darf nicht verkauft werden. Es wird vom Zauberpriester und den Nachbarn noch am Schlachttag gegessen. Offensichtlich hatte der alte Mann mit dieser alten Tradition gebrochen, um Jesus zu ehren. Wir freuen uns sehr über ihn und seinen konsequent gelebten Glauben. Am Ende des Gottesdienstes werden all die Opfergaben, die die Gläubigen mitgebracht haben, an die Ärmsten verteilt. Was für eine Freudenfeier …

Das Weihnachtsfest mit den Gudschi-Christen bringt uns das Wunder der Geburt von Jesus und den wunderbaren Plan Gottes für uns Menschen wieder ganz neu nahe. Die Kultur hier ist so anders und es fehlen all die europäischen Weihnachtstraditionen. Niemand kommt auf die Idee, andere Menschen zu beschenken, wie es im Westen nun der Fall wäre. Es geht einfach um Gottes großes Geschenk für uns: um Jesus! Weihnachten ist hier wirklich noch ein Freudenfest, weil der Sohn Gottes Wohnung unter uns Menschen genommen hat. Weil Gott als kleines Kind in unsere Welt kam, um uns zu retten. Deshalb feiern wir. Für all das unnötige Drumherum, das in Europa für so wichtig genommen wird, ist hier kein Platz. Und das macht uns von Herzen froh!

EIN KIND NAMENS
BETHLEHEM

Dezember 1989. Nicht weit von uns entfernt wohnt ein sehr einflussreicher Stammesführer. Wir kommen oft an seinem Haus vorbei und haben schon versucht, mit ihm Kontakt aufzunehmen.

Eines Tages hat seine Tochter große Schwierigkeiten bei der Geburt ihres fünften Kindes. Sie suchen einen Schamanen nach dem anderen auf, aber keiner kann ihnen helfen. In seiner großen Not kommt der Schwiegersohn des Stammesfürsten schließlich zu uns. Edith holt seine schwangere Frau mit unserem Wagen ab, um sie ins nächste Krankenhaus zu fahren. Schon von Weitem hört sie ein Schluchzen und Stöhnen. Sie untersucht die junge Frau. Das Kind liegt quer im Uterus. Besorgt wendet Edith sich an die Angehörigen und Freunde der Schwangeren und sagt: »Hört mir zu. Diese Geburt wird sehr schwer. Wir müssen Waka (Gott) um Hilfe bitten. Ich werde die Schwangere in ein Krankenhaus bringen.« Lautstark stimmen sie zu: »Ischi (Ja), bringe sie ins Krankenhaus.« Alle sind einverstanden. Vor versammelter Familie bete ich mit der jungen Frau. Dann rufen die Umherstehenden uns zu: »Möge Gott euch helfen.«

Der Weg zum Krankenhaus in die Stadt führt Edith wieder an unserer Missionsstation vorbei. Sie hält kurz an und rennt schnell in die Küche. Der Weihnachtsstollen muss noch aus dem Ofen, denn heute ist Weihnachten. Als Edith zum Auto zurückkehrt, untersucht sie die junge Frau noch einmal. Was ist das? Gott hat Ediths Gebet erhört: Das Kind liegt plötzlich normal, es kann jeden Augenblick geboren werden. Die Wehen sind gut, die Frau hält sich tapfer. Edith trifft die nötigen Vorbereitungen für die Geburt, um das Kind im Auto zu entbinden. »Danke Herr, das hast du gut gemacht!«, betet sie mit der werdenden Mutter. Wenige Minuten später kommt ein gesundes Mädchen in unserem Auto zur Welt. Die junge Mutter hält glücklich ihr Baby in den Armen. Es wird – wie kann es an Weihnachten auch anders sein – Bethlehem genannt.

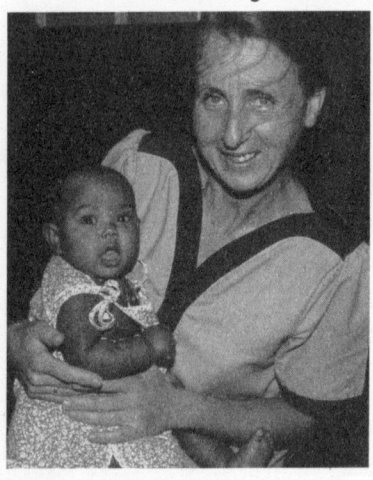

Edith mit Bethlehem

Als wir die Frau mit ihrem Weihnachtskind nach Hause bringen, bricht unter den Angehörigen und Nachbarn ein großer Freudenjubel aus. Mit erhobenen Händen rufen sie: »Galata Waka!«, das heißt: »Ehre sei dem einzig wahren Gott!« Sie haben klar erkannt, wer dem Mädchen bei der Geburt ihres Babys geholfen hat. Dass es nicht wir waren, sondern Gott selbst. Uns erinnert ihre Freude an die Weihnachtsgeschichte, als die Hirten und Engel Gott lobten: »Ehre sei Gott in der Höhe!« Die meisten Gudschis sind ebenfalls Hirten. So werden wir jedes Jahr in der Advents- und Weihnachtszeit in besonderer Weise an die biblischen Hirten erinnert, die als Erste von den Engeln auf die Geburt von Jesus hingewiesen worden sind. Die Gudschi-Hirten brauchen die gute Botschaft, wie jene Hirten damals in Israel. Es ist jetzt 2 000 Jahre her, dass Jesus zur Welt gekommen ist. Viele Menschen in Äthiopien wissen bis heute nicht, dass er als Erlöser auch für sie Mensch wurde. Weihnachtsfreude ist etwas Fremdes für sie. Sie kennen nur ihr Nomadendasein, die nackte Not ums Überleben. Ihre trügerische Hilfe suchen sie bei Zauberern.

Der Stammesführer wird durch die glückliche Geburt seiner Enkelin sehr nachdenklich. »Ist das euer Gott, der uns so wunderbar geholfen hat?«, fragt er verwundert. »Dann sollten wir ihn so lange suchen, bis wir ihn gefunden haben.«

An diesem Abend beten wir glücklich für den Stammesfürsten und seine Familie: »Oh Herr, lass diese Gudschi-Hirten erkennen, wer du bist, wie damals die Hirten in Israel. Und lass sie allen erzählen, was sie erlebt haben, damit dein Wort in Erfüllung geht: ›Denn das Volk, das in der Dunkelheit lebt, sieht ein helles Licht. Und über den Menschen in einem vom Tode überschatteten Land strahlt ein heller Schein‹« (Jesaja 9,1).

KINDER DER HOFFNUNG

Mai 1990. Nach einer vierjährigen biblischen Ausbildung können wir heute 30 Bibelschüler in ihren Dienst einsegnen. Aus den Berichten und Gebeten spüren wir, wie wichtig den jungen Christen ihre eigenen Landsleute sind. Sie wollen sie für Jesus gewinnen! Was hat Gott aus den Gudschis gemacht, die noch vor wenigen Jahren gefürchtete Krieger waren ... Jesus hat echten, tiefen Frieden in ihre Herzen gebracht, den Frieden Gottes, und diesen Frieden tragen sie in ihr ganzes Land hinaus. Die Worte eines Gemeindeältesten bewegen uns zutiefst: »Wie Tiere haben wir gelebt, bevor ihr das Evangelium zu uns gebracht habt. Ganz ohne Hoffnung. So lasst uns nun mit der guten Botschaft in unser Land hinausgehen, damit noch viele Gudschis zu Kindern der Hoffnung werden.«

Wie kostbar den Gudschi-Christen ihr Glaube ist, kommt treffend in einem ihrer Lieder zum Ausdruck. Sie singen in ihrer kehligen, einmaligen Art, ganz ohne Instrumente. Der Vorsänger singt einige Takte, dann stimmen die Gottesdienstbesucher laut klatschend mit ein: »Die Blumen verdorren und das Wasser im Fluss trocknet aus, aber das Wort Gottes bleibt immer frisch«, klingt es oft lautstark über die Savanne.

Wir erleben immer wieder mit, welch schreckliche Folgen es für sie und ihre Viehherden gibt, wenn das Wasser im Fluss austrocknet und ihre Felder und Wiesen dürr werden. Mit dem »Brot-für-Arbeit«-Projekt und den Brunnen, die wir gebaut haben, können wir ihnen aber auch in diesen Problemen zur Seite stehen und ihre Not ein wenig lindern.

Nicht nur Hunger nach Brot treibt die Gudschis um, sie suchen nach echtem Leben, nach dem »Brot des Lebens«, Gottes Wort. Und sie sind durstig nach dem »lebendigen

Wasser«, das nie versiegt und immer frisch bleibt. Jesus will ihnen beides sein. Brot und Wasser des Lebens, das haben inzwischen viele im Volk der Gudschis begriffen und für sich in Anspruch genommen.

Wenn die Gudschi-Christen ein »E Galata« (Ja, danke) anstimmen, werden auch unsere Herzen mit Dank erfüllt. Der Dank gehört Waka, dem lebendigen Gott. In Jesus sind sie ihm begegnet, der in ihrem Volk bereits einen Namen hatte. Sie wussten schon seit Jahrhunderten von der Existenz des guten Gottes, der aber unnahbar für sie war. Heute kennen sie ihn als ihren Freund und liebenden Vater, der sie vor allen bösen Geistern und Mächten der Finsternis beschützt.

Besondere Stunden sind es, wenn die Ältesten und Evangelisten zusammenkommen, um zu berichten, was Gott in den verschiedenen christlichen Gemeinden quer durchs Land getan hat. Manche dieser Gemeinden bestehen nur aus einigen Familien, die jüngst zum Glauben gefunden haben. Sie wissen noch nicht viel über die biblischen Wahrheiten. Gottes Wort gibt es noch nicht in ihrer Sprache. Doch sie kennen den gewaltigen Unterschied zwischen ihren unbe-

rechenbaren Geistern, vor denen sie sich fürchten müssen, und dem wahren Gott, der sie liebt. Manche von ihnen mussten den Zauberpriestern schon so viele Opfer bringen, dass sie dadurch völlig verarmt sind. Nun sind sie voll Dank, Kinder des wahren Gottes zu sein. Sie haben es verstanden: Dieser Gott nimmt nicht in erster Linie – er gibt: Er hat sein Kostbarstes, seinen einzigen, geliebten Sohn geopfert, um sie mit ihm, dem heiligen Gott, zu versöhnen. Jesus hat sie vollständig befreit. Darum ist es den Gudschi-Christen so wichtig, dass ihre Nachbarn, die immer noch unter der Herrschaft und Gewalt ihrer alten Stammesreligion leben, leiden und sterben, ebenfalls die Befreiung in Jesus Christus erleben. Wir müssen sie nicht dazu auffordern, dass sie anderen von Jesus weitersagen. Sie tun es ganz von alleine. Ganz einfach, weil sie erlebt haben, was für eine großartige Freiheit und Freude Jesus ihnen gibt.

KRANKHEIT ODER
BESESSENHEIT

In einer Ältestenversammlung berichtet einer unserer inzwischen sechs Evangelisten, dass sich in der Woche zuvor in einer bis dahin unerreichten Gegend, wo er unterwegs war, zehn Familien für ein Leben mit Jesus entschieden haben. Sie würden jetzt am liebsten Tag und Nacht Berichte aus der Bibel hören. Diese Familien wohnen am Abaya-See. Ein malerisch schön gelegener See mit dichtem Schilf an den Ufern, in dem Krokodile und Nilpferde ihren Mittagsschlaf halten und Scharen von Webervögeln ihre kunstvollen Nester bauen. Der Abaya-See ist reich an Fischen verschiedenster Arten, die Menschen an seinen Ufern leben vom Fischfang. Die Fischer müssen sich nur in Acht nehmen vor den Flusspferden. Im Wasser sind die riesigen, sonst eher trägen Tiere gefährlich schnell und kraftvoll, und ihre gewaltigen Zähne sind gefährliche Waffen. Wenn sie gereizt sind, können sie Boote zerbeißen und zum Kentern bringen. Dann werden die Fischer eine leichte Beute für die Krokodile, die bereits gierig warten.

Auf dem Weg zum Abaya-See wird ein Evangelist in ein Haus gerufen, in dem ein von Dämonen besessenes Mädchen lebt. Die Familie befindet sich in großer Not, denn das Mädchen schreit und schlägt wild um sich. Niemand vermag es zur Ruhe zu bringen. Mit Bärenkräften tobt es, sodass zwei Männer es kaum halten können. Nach zwei Tagen Gebet erfährt das Mädchen Befreiung. Was für eine Freude für sie und ihre gesamte Familie!

In Afrika begegnet uns manches hautnah, was der Europäer sonst nur aus Berichten der Bibel oder aus Horrorfilmen kennt. Auch für Edith als Krankenschwester ist es nicht immer einfach. Aber sie und unsere gut ausgebildeten Missionsärzte unterscheiden zwischen dämonischer Besessenheit und echten Krankheiten wie Epilepsie oder psychischen Störungen. Die unsichtbare Welt hinter der Realität gibt es wirklich. Böse Mächte aus der Geisterwelt beeinflussen und zerstören Menschen überall auf der Welt. Ob hier in Afrika auf ganz offensichtliche Weise – oder in Europa durch Drogensucht, Alkohol, zerstörerische sexuelle Freizügigkeit und anderes. Am deutlichsten führt uns Gott den Unterschied zwischen Krankheiten und dämonischem Wirken immer wieder dadurch vor Augen, dass er von bösen Mächten geplagte Menschen in der Regel vollständig heilt, wenn Christen für die betroffene Person beten. Dann zeigt sich Jesus als der Stärkere, er ist wirklich Sieger über die Finsternis. Kranke erhalten von uns neben einem ernst gemeinten Gebet auf jeden Fall auch medizinische Hilfe. Bei Besessenheit bleibt Medizin meist wirkungslos. Menschen, die eindeutig unter dem Einfluss böser Mächte stehen, helfen wir und die äthiopischen Christen deshalb durch anhaltendes Gebet.

EIN FEST ZU EHREN
EINES MÖRDERS

November 1990. Unser Straßenbau geht voran, wir haben beinahe den Abaya-See, 45 Kilometer nördlich unserer Station Bio, erreicht. Mit zwei einheimischen Christen machen Edith und ich uns auf den Weg in ein Dorf dieser Gegend, wo wir eine neue Arbeit beginnen. Bisher gibt es in diesem Dorf noch kaum Christen und die Menschen leben nach ihren gefürchteten Gudschi-Traditionen. Als wir uns dem Dorf nähern, hören wir bereits Trommeln und laute, monotone Gesänge. Sie feiern gerade ein Fest.

Ein reicher, angesehener Dorfältester wird geehrt. Vor zwei Jahren hat er am See zwei weiße Ausländer erschossen. Ein Dritter konnte entkommen und mit einem Hubschrauber in Sicherheit gebracht werden. In diesem unkontrollierbaren Gebiet der Gudschis stellte die Regierung die Suche nach den Tätern bald wieder ein. Die Bewohner dieses Dorfes fanden es an der Zeit, ein großes Fest zu Ehren des in ihren Augen so mutigen Mörders zu veranstalten.

Jubelnd reihen sich die Dorfbewohner um den Helden des Tages. Stolz geht einer der Männer zu ihm hin und hängt ihm etwas mit einer Schnur um den Hals. »Was ist das, was der Mann ihm eben umgebunden hat?«, frage ich meinen einheimischen Mitarbeiter. Der macht große Augen und flüstert mir zu: »Die getrocknete Vorhaut des Ermordeten.« Ich schlucke. Die Vorhaut eines Getöteten als Schmuck?! Die Menge ist außer sich vor Begeisterung. Ihr Gesang wird noch lauter.

Inmitten solcher Menschen arbeiten also künftig unsere beiden Evangelisten Bunna, was soviel wie »Kaffee« heißt, und Aklil, dessen Name »Krone« bedeutet. Bunna erklärt uns weiter: »Ihr dürft nicht glauben, dass wir Gudschis nur Ausländer ermorden. Man erwartet von jedem jungen Mann, der einmal heiraten will, dass er einen Mann aus einem Nachbarvolk tötet. Nicht alle jungen Männer folgen diesem grausamen Ritual. Doch in vielen Fällen geben die Eltern ihre Töchter nicht in die Ehe, wenn der Bräutigam nicht vorweisen kann, dass er bereits einen Mann getötet hat.«

Mir läuft es heiß und kalt den Rücken hinunter. »Und was ist der Grund dieses grausamen Rituals?«, frage ich Bunna. »Die Gudschis berufen sich dabei auf folgende Geschichte«, sagt er. »Es geht um Rache. Während eines Krieges 1886 zwischen den Gudschis und Kaiser Menelik von Äthiopien hat man 5000 Gudschi-Männern die Hände und 2000 Frauen die Brüste abgeschnitten. Wegen dieser schrecklichen Untat rächen sie sich bis zum heutigen Tag an Fremden. Bevor ein Heiratskandidat sich mit seinen Freunden auf den Weg macht, um seine Tapferkeit unter Beweis zu stellen, wird meist eine Ziege geopfert. Nach der Art, wie die Innereien des Opfers liegen, entscheidet der Medizinmann, ob es ein guter Tag für das todbringende Vorhaben ist oder nicht.«

Bunna bricht unvermittelt ab, streicht sich verlegen über seine kurz geschnittenen Haare und wirft mir einen vielsagenden Blick zu: »Es ist auch ab und zu vorgekommen, dass junge Gudschi-Männer dich töten wollten. Aber unser Herr Jesus hat dich immer gerettet. Jedes Opfer, das sie um deinetwillen geschlachtet haben, zeigte ihnen an, dass es sich um keinen guten Tag handelte, um dich zu töten«, erzählt er mir schmunzelnd. »Deshalb lebst du heute noch!«

Ich atme tief durch. An diesem Abend kann ich lange nicht einschlafen. Ich bete: »Herr, willst du wirklich, dass wir unter diesen Menschen arbeiten?« Angst und Zweifel nehmen mich gefangen. Jedes Geräusch, jeder Schrei eines Vogels lässt mich zusammenzucken. Ich ringe mit Gott. So lange, bis alle Unruhe in mir, alle Ängste und Zweifel zum Lobpreis Gottes werden. »Herr, hier hast du mein Leben. Ich will mit der Königin Esther sagen: ›Wenn ich umkomme – dann komme ich um‹« (Esther 4,16).

Wir bringen einige Nächte in der Nähe jenes Dorfes am See zu. Doch immer, wenn die Abenddämmerung anbricht und das Buschland um uns herum unheimlich still wird und wir über den Baumkronen die Rauchsäulen der Lagerfeuer der Nomaden sehen, erinnern wir uns an diese Geschichte. Die drei oder vier Krokodile, die sich jeden Abend aus dem Wasser unserem Zelt nähern, beschäftigen unsere Gedanken nicht so sehr wie dieses kriegerische Volk.

VOM PARADIES
IN DER WILDNIS

Mir fallen Äußerungen ein, die man in westlichen Kulturkreisen vernimmt: »Sind die Menschen nicht glücklich in den letzten Paradiesen unserer Erde? Lassen wir sie doch in ihrer Religion. Mission zerstört doch nur ihre Kultur. Wir haben kein Recht, die Kulturen anderer Völker zu verändern«, sagt man. Aber jede Kultur beinhaltet nicht nur gute, sondern auch schlechte Elemente, manche sind richtiggehend tödlich. Die Bibel dagegen richtet sich bewusst an alle Kulturen, und ihre Botschaft befreit von den destruktiven, oft teuflischen Elementen jeder Kultur, die die Menschen in Angst und Unfreiheit binden.

Viele Gudschis haben erfahren, wie Jesus ihr Leben froh und frei von allen Ängsten gemacht hat. Darum drängen sie darauf, ihren eigenen Landsleuten die befreiende Botschaft des Evangeliums weiterzusagen. Deshalb sind wir hier. Selbst wenn es manchmal gefährlich sein kann – es gibt nichts Schöneres, als Gottes Wort von der Erlösung durch Jesus Christus in einem bisher weitgehend unerreichten Volk bekanntzumachen.

Wir staunen, wie Gott hier seine Gemeinde unter den Gudschis baut. Wie er Menschen beruft, die in ihrer unerschütterlichen Liebe zu Jesus und zu ihren Landsleuten sogar bereit sind, ihr Leben zu lassen.

JEDER SONNTAG
EIN ERLEBNIS

Mai 1991. Wir haben Besuch aus Deutschland. Wie üblich verbringen wir den Sonntag zusammen mit den Gemeinden in verschiedenen Bezirken. Als wir am Abend müde, aber mit frohem Herzen zu Hause ankommen, sagt unsere Bekannte: »Bei euch ist jeder Sonntag ein Fest!« Sie hat recht. In den Gudschi-Gemeinden gehört der Sonntag wirklich ganz dem Herrn. Da wird aus dem Wort Gottes neue Kraft für die bevorstehende Woche geschöpft. Die Erfahrungen der vergangenen Tage werden ausgetauscht. Gemeinsam mit den Gläubigen erleben wir die Freude über erhörte Gebete. Nöte und Probleme werden gemeinsam im Gebet zu Jesus gebracht.

Im Gottesdienst heute erzählt ein junger Mann, der erst kürzlich zum Glauben an Jesus gekommen ist, aus seinem Alltag: »Mit viel Mühe habe ich mir ein neues Feld hergerichtet. Als ich den Mais aussäen will, finde ich eine getötete Schlange in meinem Feld. Ich erschrecke sehr. Ihr wisst ja, so was hat eine schlimme Bedeutung. Der Nachbar, der mir die Schlange ins Feld gelegt hat, wünscht meinen Tod. Wenn ich beginne, den Mais auszusäen, muss ich sterben. Ich habe überlegt: Soll ich das Feld aufgeben oder mein Leben riskieren? Bitte betet für mich.« Der junge Mann wischt sich den Angstschweiß von der Stirn. Die Furcht vor den Finsternismächten steht ihm deutlich ins Gesicht geschrieben. Da erhebt sich ein älterer Mann. Die wenigen Haare auf seinem Kopf sind grau geworden, Hose und Hemd zeigen ebenfalls die Spuren der Jahre. Aber seine Augen leuchten. Er legt die Hand auf die Schulter des jungen Mannes: »Säe du nur deinen Mais aus. Der Feind ist ein besiegter! Durch den Tod unseres Herrn Jesus am Kreuz hat Gott der Schlange den Kopf zertreten. So sagt es uns Gottes Wort. Und jetzt beten wir für dich.« »Amen, Amen!«, hören wir die Gemeinde zustimmend rufen. Was wird der junge Bauer tun?

Wie wir später erfahren, hat er seinen Mais im Glauben ausgesät. Zur Überraschung der Nachbarn ist überhaupt nichts Böses eingetreten. Er hat einen Schritt des Glaubens gewagt, solchen Gehorsam segnet Jesus.

Mutig leben und bekennen die Gudschi-Christen ihren Glauben gegenüber ihren oft feindlich gesinnten Nachbarn. Durch solche Berichte werden viele in diesem Gottesdienst angesprochen und vertrauen Jesus ihr Leben an. Ja, jeder Sonntag ist ein Fest im Gudschi-Land. Wir kümmern uns sehr darum, dass die neuen christlichen Gemeinden die Bibel wirklich gut kennenlernen, damit sie Anfechtungen aller Art mit festem Glauben entgegentreten können.

WIR TREFFEN DEN KÖNIG DER GUDSCHIS

Die Gudschis verehren auch heute noch ihren Stammeskönig. Wir haben uns schon mehrmals mit ihm getroffen, um ihn um Rat zu fragen oder die eine und andere Erlaubnis in Bezug auf unsere Projekte bei ihm einzuholen. Das Königsamt wird vererbt. Erneut haben wir eine Audienz beim König. Er erzählt uns von seinen Aufgaben, die in der Tat viel Weisheit erfordern. Erst vor Kurzem sei er gerufen worden, um in einem Rechtsstreit zu vermitteln. Einmal hatten Gudschis einen Raubzug unternommen und mehrere Dörfer überfallen. Einen Teil der Übeltäter habe der König gefangen genommen und der Regierung übergeben.

Wir haben das Eingreifen des Gudschi-Königs sogar schon direkt in unserer Missionsstation miterlebt. Nach einem großen Überfall haben die Übeltäter einige Frauen gefangen gehalten. Es ist dem Gudschi-König gelungen, sie zu befreien. Er lässt sie erst einmal in unsere Klinik bringen, denn die Gefangenen sind so krank und unterernährt, dass sie dringend medizinische Betreuung benötigen. Es ist ein ergreifendes Bild, als der Tross der befreiten Gefangenen bei uns eintrifft. Es trieb uns die Tränen in die Augen.

Wie gut können die Menschen hier die Weihnachtsgeschichte verstehen. Sie wissen genau, was einen guten und gerechten König ausmacht, wie Jesaja ihn uns in der Bibel vor Augen malt. Leider wissen sie auch wie es ist, wenn ein grausamer König wie Herodes regiert. Wieder einmal sind wir bewegt, wie Gott uns die Herzen der Menschen hier aufschließt. Die Gudschis verstehen das Evangelium, ohne das

Alphabet zu kennen. Der Heilige Geist schließt es ihnen auf, weil es in ihre Lebenswirklichkeit hineinpasst. Auch die Hirten von Bethlehem, die sicher nie zur Schule gegangen sind, haben die Botschaft der Engel begriffen. Sie sind sogar die Ersten gewesen, die es hören durften.

EIN MANN, DER
»KÖNIGSKRONE« HEISST

Aklil Burundo ist 13 Jahre alt und Mitglied der Gemeinde in Kortscha. Er macht seinem Namen »Königskrone« alle Ehre. Zwei Jahre lang hat ein Evangelist in seinem Dorf Schulunterricht erteilt. Aklil Burundo ist einer der wenigen dort, die inzwischen lesen und schreiben können. Besonders aufmerksam werden wir auf ihn, weil er während eines Gottesdienstes gemeinsam mit einem Freund ein Lied von Jesus, dem Retter und Heiland der Welt, vorsingt. Dann erzählt er den Menschen, weshalb er sich an Jesus hält:

Aklil ist überzeugt, dass Jesus ihn von Besessenheit und einem Fluch befreit hat, der auf der Familie seiner Eltern lastete. In den Jahren zuvor waren drei seiner Geschwister auf mysteriöse Art gestorben. Als auch Aklil mit dem Tod kämpft, bringen ihn seine verzweifelten Eltern schließlich zu den Vorstehern der neuen christlichen Gemeinde in ihrem Ort. 20 Tage lang beten die Christen intensiv für die Heilung Aklils. Eines Abends sagt sich Aklil ganz bewusst im Gebet von allen Mächten der Finsternis los und Gott heilt ihn. Seitdem gehören er und seine Eltern fest zur Gemeinde.

Wir freuen uns über die gute Entwicklung dieses jungen Mannes – er ist wirklich ein Vorbild im Glauben. Der Name »Königskrone« passt zu ihm, denn er strahlt einen Glauben aus, der andere Menschen ansteckt.

Nach dem Gottesdienst essen wir zusammen mit der Gemeinde gekochtes Fleisch – es wird auch rohes Fleisch serviert – und Getreidefladen. Wir denken nicht einmal mehr daran, dass wir vielleicht am nächsten Tag davon krank sein könnten. Hier hat man eben eine andere Vorstellung von Hygiene. Denn zu groß ist die Freude, die unsere Herzen erfüllt. Wie groß muss erst die Freude bei den Engeln im Himmel sein über die wachsende Gemeinde in Kortscha und den jungen Mann, der »Königskrone« heißt.

DER NIEDERGANG DER KOMMUNISTEN

Januar 1992. Auch in der Politik Äthiopiens erleben wir Gottes Handeln. 1991 ist für unser Land und für uns ein überaus ereignisreiches und erfreuliches Jahr gewesen. Der Regierungswechsel und die damit verbundenen Unruhen haben unerwartete Veränderungen mit sich gebracht.

Alles begann damit, dass sich die unterschiedlichen Partisanengruppen in Eritrea geeinigt und die »Eritreische Befreiungsfront« gebildet haben. Diese schloss sich mit vom Kommunismus abgefallenen Truppenteilen der äthiopischen Armee zusammen. Die Kämpfe zwischen der kommunistischen Regierung und der Befreiungsfront in Eritrea entwickelten sich daraufhin immer mehr zu einem blutigen, offenen Krieg. 1991 brachten aufständische Gruppen einen Teil der Panzertruppen der kommunistischen Regierung im Handstreich in ihre Gewalt, die den wichtigen Versorgungshafen Assab mit seiner Ölraffinerie schützen sollten. Mit den erbeuteten Panzern machten sie sich auf den Weg nach Asmara, das die Äthiopier zur Festung ausgebaut hatten. Auf der Tiefebene bei Dekamare stellte sich ihnen eine Übermacht äthiopischer Panzer entgegen, die jedoch geschlagen wurde. Als die von den Aufständischen eroberten Panzer auf Asmara zufuhren, befahl der dortige Kommandant seinen Soldaten die Flucht nach Westen, in den Sudan, um das Leben der Bevölkerung und der Soldaten zu schonen. In der Wüste verdursteten viele Soldaten. Zehn Tage später hatten die Aufständischen mit Hilfe der Panzer die äthiopische Hauptstadt Addis Abeba erobert. Der oberste Kommunist und Massenmörder Mengistu Haile Mariam ist geflohen. Es ist ein Freudentag für die Christen im Land, die unter den Kommunisten schwer gelitten haben.

Durch die Flucht Haile Mariams ist die Macht der Kommunisten endgültig gebrochen. Eine neue Regierung hat sich gebildet. Die Verfolgung der evangelischen Christen ist zu Ende, denn auch die koptische Kirche, die der Mission nicht wohlgesinnt war, hat an Macht verloren. Unter der neuen Regierung herrscht Religionsfreiheit. Missionare und jetzt erwachsen gewordene und gut ausgebildete Kinder früherer Missionare kehren zurück nach Äthiopien und helfen beim Wiederaufbau des Landes und der christlichen Gemeinden.

WENN JESUS EIN LEBEN VERÄNDERT

Februar 1992. Eine christliche Jugendkonferenz im Gudschi-Land. Das war noch vor wenigen Jahren unvorstellbar. 1 500 junge Christen treffen sich zu einem Wochenende unter Gottes Wort. Auch von den bis zu einem Tag Fußmarsch entfernten Gemeinden sind Vertreter gekommen. Die Konferenz findet in unserer Kirche in Bio statt.

Nahe der Gemeinde wohnt ein älterer Mann, der in der Bevölkerung großes Ansehen genießt. Seine Frau und seine Kinder gehören schon einige Zeit zur Gemeinde. Er selbst hat erst kürzlich sein Leben Jesus geschenkt. Obwohl er nicht mehr jung ist, kommt auch er zur Jugendkonferenz, um die biblische Botschaft zu hören. Danach steht er auf und ruft den jungen Leuten zu: »Jesus hat mein Leben verändert. Er hat mir Frieden und Freude geschenkt. Dafür will ich ihm danken. Ich möchte Geld für zehn Kirchenbänke spenden.« Er räuspert sich, dann lacht er laut auf: »Damit bei der nächsten Jugendkonferenz nicht mehr so viele von euch auf dem Boden sitzen müssen!« Alles lacht …

Immer wieder während der Konferenz erschallt der Refrain eines Liedes: »Ja! Wir wollen jetzt Jesus die Ehre geben.« Neue Christen bekennen, wie Jesus ihrem Leben Sinn und Ziel gegeben hat. Wir sind bewegt von der Ernsthaftigkeit ihres Glaubens. Ein gutmütiger und freundlicher junger Mann erzählt: »Ich habe ein Stück Land gekauft. Darauf stand ein Baum, unter dem noch den Geistern Opfer dargebracht wurden. Aber damit will ich nichts mehr zu tun haben. Also habe ich den Baum gefällt und verbrannt. Mit grimmigen Blicken haben meine Nachbarn mich dabei beobachtet und gedroht, mich umzubringen. Betet bitte, dass die Menschen in meinem Dorf durch mein Handeln auf Gott hingewiesen werden und ich bewahrt bleibe.«

Ein junges Mädchen, schwer zu schätzen, wie alt sie ist, steht auf. Sie trägt einen neuen, handgewebten weißen Rock mit bunter Borte. Schüchtern schaut sie zu Boden: »Betet bitte für meine Großmutter, die als Einzige in unserer Familie noch an den alten Gebräuchen festhält, so wie es der Zauberer von ihr verlangt. Sie setzt uns alle sehr unter Druck und macht uns immer ein schlechtes Gewissen. Der Friede ist von unserer Familie gewichen.« Das Mädchen wischt sich die Tränen aus den Augen, dann setzt sie sich. Solche alten Frauen, wie die, von der sie erzählte, haben große Macht in den Gudschi-Familien. Wir beten, dass Jesus gerade diese mächtigen Großmütter verändert und zum lebendigen Glauben führt.

Ein Teenager aus einer der Gemeinden am Abaya-See kommt nach vorn. Er trägt eine abgeschnittene, viel zu große Jeans, auf die er sicher sehr stolz ist. Etwas unbeholfen steht er neben dem Evangelisten und sagt: »Wir sind wie Küken, deren Mutter einem wilden Tier zum Opfer gefallen ist. Bitte betet, dass bald jemand zu uns kommt, der uns das Lesen und Schreiben beibringt. Und jemand, der uns im Glauben weiterführt.«

Leider ist es schwierig, ins Dorf dieses jungen Mannes zu gelangen, denn es liegt in unwegsamem Tiefland. Die Menschen dieser gefährlichen Gegend leben in großer geistlicher Finsternis. Das Gemeindehaus der kleinen christlichen Gemeinde, zu der er gehört, ist bei Stammesfehden niedergebrannt worden. Malaria, Typhus und Fieber kosten manches Menschenleben. Wann wird auch in dieser Gegend das neue Lied gesungen: »Ja! Wir wollen jetzt Jesus die Ehre geben«? Wann werden die Menschen dort, die Jesus noch nicht kennen, aus ihrer großen Not gerettet? Es gibt noch so viel zu tun im Gudschi-Land!

Am Ende der Konferenz wollen sich 105 der jungen Christen im Bio-Bach taufen lassen. Tief bewegt von Gottes Handeln in einem Volk, das noch vor wenigen Jahren für seine grausamen Rituale gefürchtet war, treten wir unseren Heimweg an. Jeder dieser 105 neuen Gläubigen wird wieder andere Menschen in seinem Heimatdorf für Jesus begeistern. Es wird uns bewusst, dass Gott hier wirklich Großes bewirkt in diesen Tagen.

MITTEN IM STAMMESKRIEG

April 1994. Seit zwei Monaten ist zwischen den Gudschis und ihrem Nachbarstamm, den Gedeos, ein schrecklicher, bewaffneter Grenzkonflikt ausgebrochen. Auf einem Gebiet von 50 Kilometern Länge und 20 Kilometern Breite sind zahllose Rundhütten niedergebrannt worden. Tausende Menschen sind obdachlos, andere fanden den Tod. Unter den Opfern sind auch einige Christen, die zu unseren Gemeinden gehörten, und einer unserer Evangelisten. Viele unserer treuesten Leute haben alles verloren. Es tut so weh, was dieser Stammeskrieg an Leid über die Gudschis unserer Gegend bringt. Tagelang sehen wir in nächster Nähe zu unserer Station nur noch Feuer und Rauch. Tag und Nacht wird geschossen, Häuser werden ausgeraubt und Menschen umgebracht. Und wir können kaum etwas dagegen tun, außer zu beten …

Ein paar Tage später liegt die Front etwa 20 Kilometer östlich von uns. Von den vielen Verwundeten, die sie zu uns bringen, hören wir, was vor sich geht. Unsere Klinik ist der einzige Platz, wo die Gudschis medizinische Hilfe erhalten. Durch den Stammeskrieg sind alle Straßen zu den Regierungskrankenhäusern für sie abgeschnitten. Edith behandelt täglich um die 70 Patienten. Sie muss Gewehrkugeln entfernen und schreckliche Wunden behandeln und nähen. Manchmal weiß sie nicht mehr, woher sie noch Verbandsmaterial und Medizin nehmen soll. Die furchtbaren Bilder der Verwundeten verfolgen uns bis in die Nächte hinein.

Mitten im Stammeskrieg finden wir Schutz im Schatten des Allmächtigen. Einmal bin ich gerade dabei, das Fahrgestell unseres Autos zu schweißen. Da kommt einer unserer Ältesten keuchend zu mir gelaufen. »Ato Bössler, sie planen einen Überfall auf eure Missionsstation. 400 Mann. Bringt euch in Sicherheit.« Ich verstehe gar nichts. »Wer plant einen Überfall?« Der Freund ruft: »Gudschis, die euch nicht wohlgesonnen sind, sie kommen!«

Was sollten wir tun? Und wohin sollten wir uns in Sicherheit bringen? Unsere Kinder haben gerade Schulferien und sind hier bei uns. Wir beten, dass Gott seine schützenden Hände über uns alle hält. Aber an Flucht ist nicht zu denken.

Nach der Reparatur am Auto fülle ich ein Zweizollwasserrohr mit dem übrigen Gas und Sauerstoff vom Schweißen. Dann rufe ich meine vier Buben, um ihnen spielerisch zu zeigen, wie gefährlich Gas sein kann. Vorsichtig entzünde ich das Gas und löse eine erstaunlich gewaltige Explosion aus, viel heftiger, als ich dachte. Der Knall ist so laut, dass alle Bananenbaumblätter im Tal erzittern.

Die heranrückenden, feindlichen Gudschis haben ihr Lager im Tal nicht weit von uns aufgeschlagen. Am Abend vor dem geplanten Überfall geht im Lager das Gerücht um, dass wir Ausländer schwere Kanonen besitzen, die alle Gudschis töten könnten. Woher kam dieses Gerücht? Ein Mitarbeiter verrät es uns: »Gestern Abend hörten die feindlichen Gudschis einen gewaltigen Knall. Sie begannen sich zu fürchten.« Ich muss schmunzeln. Der Herr hatte also mein lautstarkes, nicht ganz geglücktes Experiment am Abend zuvor gebraucht, um uns zu beschützen. Danach ließ er noch ein außergewöhnlich schweres Gewitter niedergehen. Völlig durchnässt und in Furcht vor unseren »schweren Waffen« machten sich die Rebellen nach Hause davon.

Während des ganzen blutigen Bürgerkriegs haben wir den Eindruck, dass Gott seinen Engeln befohlen hat, uns zu beschützen, während links und rechts von uns ein Feuersturm des Verderbens vorbeiging. Wir haben buchstäblich erlebt, was in Psalm 9,7 in der Bibel steht: »Ob Tausend fallen zu deiner Seite und Zehntausend zu deiner Rechten, so wird es doch dich nicht treffen.«

Mitten in den blutigen Unruhen baut Gott dennoch seine Gemeinde. Im vergangenen halben Jahr entstanden etwas mehr als 100 Kilometer südlich von uns vier neue Gemeinden mit einigen hundert Christen. Allerdings müssen wir den Evangelisten immer wieder Mut machen, dass sie sich wirklich in dieses von Zauberern und Finsternismächten geplagte Land wagen. Manchmal werden dort von Dämonen besessene Leute mit Ketten gefesselt in die Gottesdienste gebracht. Unter ihnen ist ein Zauberpriester, der durch Gebet Befreiung erlebt und mit seiner Familie Frieden mit Gott gefunden hat. Eine seiner Töchter ist heute sehr begabt im Singen und Dichten christlicher Lieder. Sie hat seit ihrer Bekehrung fast alle der inzwischen 34 Gudschi-Gemeinden besucht und bezeugt mit Worten und Liedern, wie sie und ihr Vater neues Leben in Jesus Christus gefunden haben.

Auch das »Brot-für-Arbeit«-Programm läuft weiterhin gut und ist eine Hilfe für die Gudschis. Im Laufe der Jahre haben wir mehr als 160 Kilometer Feldwege durch ihr Land gebaut, leider führen davon bisher nur 45 Kilometer in Richtung Süden. Gott hat uns neue missionarische Möglichkeiten im Süden aufgetan, deshalb hoffen wir, weiteres Land dort mit einer neuen Straße zu erschließen. Die Entfernungen zwischen den einzelnen christlichen Gemeinden sind groß. Der Wegebau von Hand hat seine Grenzen erreicht. Was wir dringend brauchen, ist ein Traktor. Schon oft haben wir dafür gebetet. Sollte Gott etwas unmöglich sein?

VERIRRT IN DER WILDNIS

Mai 1994. In 16 Gemeinden können wir mit Alphabetisierungsklassen in der Gudschi-Oromo-Sprache beginnen, ein wichtiger Schritt. In Golbo, zweieinhalb Tage Fußweg von uns entfernt, liegt eine unserer jüngsten Gemeinden. Vor einigen Tagen machten sich ein Bibelschullehrer und zwei Evangelisten auf den Weg, um die 70 Gläubigen dort zu besuchen und mit ersten Leseklassen in ihrem Dorf zu beginnen. Es ist eine abenteuerliche Reise, die sie fast das Leben gekostet hat:

Als sie am zweiten Tag ihrer Reise in ein weites, unbewohntes Tal hinuntersteigen, kommen sie vom richtigen Pfad ab. Sie folgen fälschlicherweise einer Fährte, die sonst nur von Büffeln und anderen Tieren benutzt wird. Das Gras ist so hoch, dass sie nicht darüber hinausschauen und erkennen können, wohin sie gehen. Vergeblich suchen sie in der tropischen Mittagshitze den richtigen Weg. Stundenlang, unter der prallen Sonne. Am Abend erreichen sie ein ausgetrocknetes Flussbett. Sie breiten ihre Strohmatten aus, trinken etwas saure Milch aus der Kalebasse und lassen sich den Brotfladen mit der scharfen Pfeffersoße aus dem ledernen Behälter schmecken. Noch einmal bitten sie Gott um Bewahrung in der Nacht. Dann legen sie sich unter einer großen Schirmakazie schlafen.

Spätabends werden sie von schrecklichem Löwengebrüll geweckt. Es kommt ganz aus der Nähe. Sie erschrecken fürchterlich. Werden die Löwen sie entdecken? Sollten sie auf einen der vielen großen Bäume klettern und dort oben übernachten? Besorgt stellen sie fest, dass sich dichte Regenwolken über ihnen zusammenziehen. Sollte es regnen, würde das ausgetrocknete Flussbett in kurzer Zeit zum reißenden Strom – noch eine Gefahr. Wieder beten sie zusammen. Alles bleibt ruhig. Obwohl um zwei Uhr nachts die Löwen noch mal bei ihnen vorbeischauen, bleiben sie bewahrt. Am nächsten Tag irren die drei Männer weiter ohne Nahrung und Wasser den Tierspuren folgend durch die Wildnis. Völlig erschöpft gehen sie um zwei Uhr nachmittags wieder ins Gebet und bitten Gott um Hilfe. Da findet Gennene noch einige Kaffeebohnen und etwas Zucker in seiner Hosentasche. Der Regen, der plötzlich einsetzt, stillt ihren Durst. So setzen sie völlig durchnässt, aber doch etwas gestärkt ihre Reise fort.

Bald darauf finden sie endlich einen Pfad aus dem Busch heraus. In der Ferne erkennen sie einen Berg, der in der Nähe von Golbo liegen muss. Endlich entdecken sie am Fuß des Berges ein kleines Dorf. Sie sind am Ziel ihrer abenteuerlichen Reise. Am Abend werden sie von den Dorfbewohnern freundlich willkommen geheißen. Einige Frauen bewirten die Fremden mit Maisfladen und Zuckerrohr, ein Festessen nach den Entbehrungen der Reise. Vor der versammelten Gemeinde erzählen die Evangelisten, wie Gott sie unterwegs bewahrt hat. Sie stärken die Christen vor Ort durch ihre geradlinige Botschaft aus der Bibel. In den nächsten Tagen beginnen sie mit einer ersten Leseklasse. So etwas gab es noch nie in dieser Gegend.

Als die drei Männer nach mehreren Wochen wieder nach Hause kommen, liegt die Frau des Evangelisten Gennene geschwächt von einer schweren Geburt im Bett. Er selbst erkrankt an Malaria und Lungenentzündung als Folge der Reise nach Golbo. Wir sind dankbar und tief bewegt, dass unsere Mitarbeiter trotz solcher Probleme das Evangelium mutig ins Land hinaustragen.

Gottes Wege sind nicht immer leicht. Sie können steinig und dunkel sein, wie es die Bibel schon in Psalm 23 deutlich macht: »Auch wenn ich durch das dunkle Tal des Todes gehe …« (Vers 4). In solchen Situationen gilt es im Glauben weiterzugehen und festzuhalten an Gottes Versprechen, dass er immer und überall bei uns ist und auf unserer Seite steht. In den dunklen Tälern will Gott uns stärken, trösten und aufrichten. Auf Wegen, auf denen wir den nächsten Schritt nicht mehr erkennen, streckt er seine Hand vor uns aus und sagt: »Meine Entscheidung für dich steht fest, ich helfe dir. Ich unterstütze dich, indem ich mit meiner siegreichen Hand Gerechtigkeit übe.« (Jesaja 41,10). Gott hat viele Mittel und Wege, um Christen auch in den größten Stürmen des Lebens zu bewahren. Immer wieder kommen Gudschis zu uns und berichten, wie Jesus ihnen in scheinbar ausweglosen Situationen geholfen hat. Das stärkt auch unseren Glauben – wenn wir sehen, wie Christen, denen wir über Jahre hinweg Gottes Wort erklärt haben, durch Not und Leid gefestigt im Glauben an Jesus Christus wachsen und Gott erleben.

BEGEGNUNG MIT DER SCHWARZEN MAMBA

September 1995. Der blutige Krieg zwischen den Gedeos und den Gudschis scheint zum Ende zu kommen. Endlich können wir wieder an unserer Außenstation in Kortscha weiterbauen, ein Gebiet, das 25 Kilometer südlich von Bio liegt. Es sollen eine einfache Unterkunft – noch wohnen wir dort in Zelten –, ein Schuppen für Geräte und Werkzeug, Toiletten und ein Zaun um alles herum gebaut werden. Dieses Mal reisen wir als ganze Familie, gemeinsam mit unseren Kindern nach Kortscha. Die neue Station grenzt an ein Sumpfland mit Krokodilen, Schlangen und anderem Getier, eine Brutstätte für Moskitos. Sie liegt im Tiefland, wo es das ganze Jahr heiß und schwül ist. Derzeit ernten die Gudschis dort Mais, aber es ist auch die Zeit der vielen Moskitos. Wir können uns ihrer kaum erwehren. Unser Sohn Stephan hat wegen der großen Hitze nur ein T-Shirt an. Als er am Abend über Juckreiz klagt, erschrecken wir sehr, weil auf seinem Rücken alle paar Millimeter Moskitostiche sind – trotz seines T-Shirts! Malaria ist hier stark verbreitet. Wir beten, dass keiner von uns ernstlich erkrankt.

Es ist drei Uhr nachts. Aus irgendeinem Grund bin ich aufgewacht und kann nicht mehr einschlafen. Ich schalte das Zwölf-Volt-Batterie-Licht an, um meine Predigt für den nächsten Sonntag vorzubereiten. Plötzlich halte ich den Atem an. Eine Schlange windet sich um unsere Betten herum. Ich wecke Edith. Vorsichtig steht sie auf und holt den Besen. Ich behalte die Schlange fest im Auge, da ist sie. Edith hält sie mit dem Besen fest. Ich gebe ihr einen kräftigen Schlag auf den Kopf. Sie windet sich und ist kaum zu halten, dann erschlafft sie und stirbt. »Komm, Edith«, sage ich meiner Frau. »Der Tag braucht uns, wir müssen noch etwas schlafen.« Mit Herzklopfen versuchen wir noch ein wenig zur Ruhe zu kommen. Zum Glück schlafen die Kinder bereits tief und fest und bekommen nichts von unserem nächtlichen Abenteuer mit.

Als wir die etwa 80 Zentimeter lange Schlange bei Tageslicht gründlicher untersuchen, stellen wir fest, dass es eine Schwarze Mamba ist. Mambas werden hier immer wieder gesehen, sie sind überaus giftig. Ihr Biss führt schnell zum Tod. Mir schaudert bei dem Gedanken daran, was passiert wäre, wenn sie einen von uns gebissen hätte. Gott hat mich genau zur rechten Zeit geweckt, auf ihn ist Verlass.

Bei einer anderen Fahrt ins Tiefland begegnet uns eine ausgewachsene Schwarze Mamba. Sie schießt plötzlich vor unserem sehr langsam fahrenden Auto aus dem hohen Gras und steht wie eine dicke, große Bohnenstange vor uns. Erschrocken halte ich an. Aus etwa zweieinhalb Metern Höhe züngelt sie aggressiv auf uns herab. Wir sind so überrascht über dieses Schauspiel, dass wir im ersten Augenblick völlig vergessen, die Autofenster zuzumachen. Langsam schlängelt sie sich dann von unserem Auto weg, immer den Kopf über dem hohen Gras haltend, zum Angriff bereit, bevor sie in die Büsche verschwindet. Wieder danken wir Gott, der uns bis heute immer wunderbar bewahrt hat.

CHOLERA BREITET SICH AUS

November 1996. Nach langen Jahren der Dürre regnet es seit Wochen pausenlos. Nicht nur Trockenheit, auch die schwere, lang anhaltende Regenzeit kann die Menschen in Not stürzen. Ganze Dörfer mussten evakuiert werden. Nun breitet sich eine Choleraepidemie aus. Die Gudschis kennen keine Toiletten, sie benutzen Gebüsch oder ein Versteck hinterm Haus für diese Zwecke. Das Trinkwasser, das sie aus dem Fluss schöpfen, ist mit Fäkalien verunreinigt. So infizieren sich die Menschen mit gefährlichen Krankheiten. Viele Patienten unserer Klinik werden hierher getragen, oft über mehrere Stunden. Manche sterben unterwegs, andere kommen völlig ausgetrocknet und erschöpft bei uns an. Sie brauchen eine Kreislaufbehandlung und mehrere Infusionen. Wir arbeiten Tag und Nacht durch, um so vielen wie möglich das Leben zu retten.

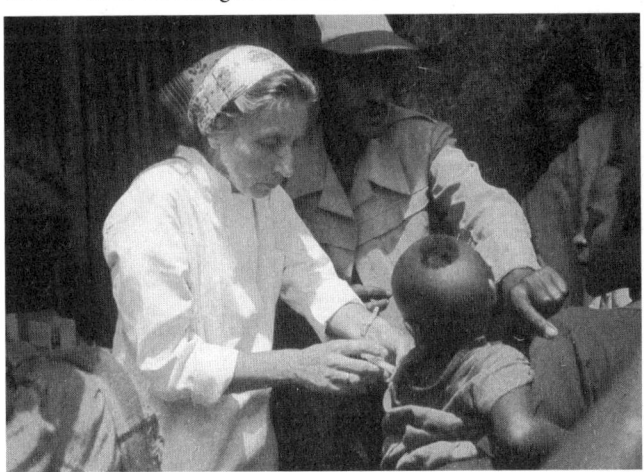

Choleraimpfung

Es ist Sonntag, wir befinden uns auf dem Weg zum Gottesdienst. Immer wieder bleiben wir stehen und entfernen die nasse Erde von unseren Schuhen, um weitergehen zu können. Unser treuer Begleiter Gennene bemerkt: »Dieses Jahr wären wir sicher schon alle in den Fluten ertrunken, wenn Gott nicht einen Bund mit Noah geschlossen und ihm versprochen hätte, dass keine Sintflut mehr die Erde verdirbt« (1. Mose 9,11).

Als wir nach einer Stunde Fußmarsch die überfüllte Kirche erreichen, sind die Strapazen des morastigen Weges schnell vergessen und wir stimmen mit ein in den Lobpreis Gottes.

Eine junge Frau bringt Gott einen Hahn als Opfer. Sie hat dem Herrn versprochen, den Hahn für Jesus großzuziehen, wenn sie ein gesundes Kind zur Welt bringt. Eine andere Frau kommt mit einem Kalb als Opfer. Die Kuh starb bei der Geburt. Aus Dankbarkeit, dass das Kalb am Leben blieb, soll es Jesus gehören. Andere bringen Milch, Butter, Korn und Gerste.

Dann erscheinen die Kinder. Sie haben unter einem großen Affenbrotbaum die biblische Geschichte gehört und tragen nun den gelernten Bibelvers vor: »Also hat Gott die Welt geliebt, dass er seinen eingeborenen Sohn gab, auf dass alle, die an ihn glauben, nicht verloren werden, sondern das ewige Leben haben« (Johannes 3,16). Die Gemeinde ist stolz auf ihre Jüngsten. Frauen schnalzen lautstark mit der Zunge. Die Freude steht allen ins Gesicht geschrieben.

Wenn wir auf die hinter uns liegenden Monate zurückblicken, haben wir viel Grund zum Danken. Wie gut, dass wir auch all die Dinge, die uns Mühe und Not bereitet haben, im Zusammenhang mit der großen Barmherzigkeit unseres liebenden himmlischen Vaters sehen können. Er allein weiß, was zu unserem persönlichen Wachstum und zum Gemeindewachstum nötig ist und was nicht.

DAS GEBET UND DER REGEN

Mai 1997. Das Dorf Fitte liegt 160 Kilometer südlich von Bio. In den vergangenen zwei Jahren ist dort ebenfalls eine christliche Gemeinde entstanden. Wir brauchen fünf bis sechs Stunden mit dem Landrover, um dorthin zu fahren. Frühmorgens fahren wir los, um am Samstagabend die Gemeindeältesten und Diakone dort zu ermutigen und zu unterrichten.

Das Wiedersehen mit den Gläubigen in Fitte ist herzlich. Das unsichtbare Band der Liebe Gottes vereint uns. Wir schlagen unser Zelt in der Nähe der Kirche auf, einer hübschen Rundhütte. Kaum sind wir fertig, schon prasselt ein schwerer Tropenregen auf das Stoffdach unseres kleinen Zeltes. In der Nacht regnet es stark weiter. Am Sonntagmorgen begrüßt uns endlich die Sonne. Müde holen wir trockene Kleider aus dem Auto und legen die Luftmatratzen zum Trocknen in die Sonne.

Gegen zehn Uhr sind bereits um die 600 Menschen versammelt. Manche von ihnen kommen aus entfernten Zweiggemeinden, sie haben zwei bis drei Stunden Fußmarsch hinter sich. Während immer mehr Menschen aus allen Himmelsrichtungen herbeiströmen, ziehen sich wieder dunkle Regenwolken über uns zusammen. Die Kirche wird viel zu klein, also versammelt sich die Menge unter den Schirmakazien. Die Leute schauen besorgt nach oben. Jeder sieht, dass die Regenwolken sich genau auf uns zubewegen. Es tröpfelt schon. Was tun? »Lasst uns beten!«, ruft ein Ältester mit durchdringender Stimme in die Reihen und er beginnt laut zu beten: »Herr Jesus, bitte schenke uns einen schönen Gottesdienst bei gutem Wetter. Zeige uns deine Macht und nimm den Regen von uns weg …« Daraufhin bietet sich uns ein unglaubliches Schauspiel: Staunend beobachten wir, wie die schwarzen Wolken wie von einer mächtigen Hand angehoben über die Berge nach Westen an uns vorüberziehen. Kein Zweifel: Gott erhört Gebet!

IM MACHTBEREICH SATANS

Als ich eine halbe Stunde gepredigt habe, kommt plötzlich erneut Unruhe über die Gemeinde. Mitten in der Menschenmenge ist eine Schlange aus einem Erdloch herausgekrochen und hat die Leute in Panik versetzt. Sie mussten ihre Stöcke und Waffen vor dem Gottesdienst abgeben und hatten im ersten Moment keine Waffe, mit der sie der Schlange hätten entgegentreten können. Endlich ist das Tier getötet. Nach 20 Minuten wiederholt sich der Vorgang – wieder versetzt eine Schlange die Gottesdienstbesucher in Unruhe. Diesmal halten zwei junge Männer die Schlange am Kopf und am Schwanz fest und töten sie. Die Mächte des Bösen scheinen alles daranzusetzen, unseren Gottesdienst zu stören. Doch das ist noch nicht alles …

Zum Ende des Gottesdienstes gegen ein Uhr mittags fängt ein 16-jähriges Mädchen plötzlich furchtbar zu schreien an. Ist sie von Dämonen geplagt? Nach langem, vollmächtigem Gebet der Gemeindeältesten erfährt sie Befreiung. Sie ist mit ihrer Mutter zwölf Stunden zu Fuß hierher unterwegs gewesen. Die Mutter hatte gehört, dass wir kommen, und sie hat sich Hilfe für ihr krankes Auge von uns erhofft. Ihre schweren Armreifen aus Metall vom Handgelenk bis zum Ellbogen sind alle den Geistern geweiht. Die Ältesten bitten sie, die 20 Armreifen zu entfernen. Ohne Gegenrede willigt sie ein. Einige Frauen helfen ihr dabei. Es wird eine schmerzhafte Angelegenheit. Mehr als einmal schreit sie kurz auf. Aber sie sehnt sich so nach der Befreiung von der Macht des Bösen. Dann nehmen wir uns ihres kranken Auges an, wir helfen ihr medizinisch und beten für sie.

Eine alte Frau steht auf, ihr Rücken ist gebeugt. Durch ihren zahnlosen Mund kommen undeutliche Worte. Ihre Stimme zittert: »Das Land, auf dem dieses Haus steht, war früher ein böses Gebiet. Wann immer ein Mensch oder ein Tier darauf trat, starben sie. Das Evangelium hat die Macht Satans gebrochen und uns Heilung gebracht. Nun können alle die Allmacht des wahren Gottes erleben. Endlich wissen wir, wer Gott ist: Er ist unser Vater im Himmel, der uns liebt.«

Am Ende des Gottesdienstes loben wir gemeinsam den Herrn, dem alle Naturgewalten, Schlangen und Dämonen untertan sind. Was für ein Tag …

NUR NICHT AUFGEBEN

August 1997. Vor 18 Jahren haben wir auch unter den Queras eine Arbeit angefangen, einem Nachbarstamm der Gudschis. Der Ort Hiddi Bira liegt im Grenzgebiet beider Stämme. Wir erinnern uns noch gut daran, wie wir die Leute im Schatten einer großen Schirmakazie unterrichten wollten, aber nur drei Frauen und ein Mann kamen. Damals richteten wir eine provisorische Schule für die Kinder ein; aber niemand hatte Interesse, etwas zu lernen. Nachdem ein Mann direkt vor unserer Schule erschossen wurde, bekamen unsere äthiopischen Lehrer Angst und kehrten in ihre Heimatdörfer zurück. Nach und nach stahlen die Leute das Wellblech von unserem Schuldach, so hörte die Arbeit nach etwa zwei Jahren ganz auf. In diesen zwei Jahren hatten wir etwa 40 Kinder und ein paar wenige Erwachsene unterrichtet, unter ihnen auch eine von Dämonen besessene Frau. Wir baten Gott inständig, diese Frau von der Macht Satans zu befreien …

Für viele Jahre hörten wir kaum etwas aus Hiddi Bira. Vor einem Jahr versuchten wir erstmals wieder, Evangelisten in diese Gegend zu senden. Sie berichteten, dass mehr und mehr Menschen in dieser Grenzregion zum Glauben kommen.

Eines Tages machen wir uns auf, um Hiddi Bira zu besuchen. Wir finden in drei Orten christliche Gemeinden mit jeweils etwa 40 Mitgliedern vor – ein Wunder! Als wir fragen, ob sie sich noch an unsere missglückte Schule von vor 18 Jahren erinnern, melden sich mehr als zehn Leute. Sie sagen:»Ihr habt uns Unterricht gegeben, darum sind wir Christen geworden.« Auch die Frau, die damals so von den Dämonen geplagt worden war, hat mit den Jahren Befreiung erlebt und gehört heute zur Gemeinde. Einer unserer ehemaligen Schüler ist jetzt Bürgermeister und setzt sich sehr für die Christen seiner Gegend ein. Wir erleben, was schon der Apostel Paulus in der Bibel betonte: »Deshalb werdet nicht müde zu tun, was gut ist. Lasst euch nicht entmutigen und gebt nie auf, denn zur gegebenen Zeit werden wir auch den entsprechenden Segen ernten.« (Galater 6,9).

AM ENDE DER WELT

Advent 1999. Nach sechs Monaten Heimataufenthalt leben wir uns wieder hier »am Ende der Welt« ein. Nach unserer Ankunft in der Hauptstadt Addis Abeba sind die alljährlichen Behördengänge fällig. Also machen wir uns wieder einmal auf den 600 Kilometer weiten Weg nach Negelle-Borana auf, wo wir uns die notwendigen Empfehlungsschreiben für die Verlängerung der Arbeitsgenehmigung, die Erlaubnis, Medizin einzukaufen, und die Kliniklizenz beschaffen müssen.

Die Regenzeit ist glücklicherweise gerade zu Ende gegangen, also müssen wir diesmal keine Ketten für die Autoreifen mitnehmen. Dafür behindern Staubwolken die Sicht.

Im Hochland sind Gerste und Hirse gerade reif zur Ernte, im Tiefland dagegen ist der nötige Regen dieses Jahr ausgefallen und damit auch die Ernte. Wieder einmal sind die Wasserstellen ausgetrocknet. Im südlichen Gudschi-Land und in Borana herrscht große Not. Das Leid der Menschen berührt unser Herz.

In Negelle-Borana werden wir von den Behörden zuvorkommend behandelt. In nur zwei Stunden halten wir alle erforderlichen Papiere in unseren Händen. Die Nacht in Negelle ist unruhig, unsere Nachbarn lieben laute Musik, und Moskitos quälen uns. Als wir endlich schlafen, wecken uns schon vor Tagesanbruch das laute »Iah, iah« der Esel und muhende Kühe, die zu ihren weit entfernten Weiden geführt werden. Müde, aber dankbar befehlen wir uns der Gnade und Bewahrung unseres Herrn für die weite Rückreise nach Addis Abeba an. Nach fünf Tagen, in denen wir weitere Ämter besuchen, erhalten wir die endgültigen Genehmigungen für unsere Arbeit. Der Herr hat alle unsere Gebete erhört, wir können zurück zu den Gudschis und ihnen helfen.

Wir sind dankbar, dass das Gudschi-Gebiet heutzutage auch vermehrt von Evangelisten aus anderen Stämmen besucht wird. Es ist erstaunlich, die Gudschis sind längst nicht mehr so gefürchtet und gemieden wie früher. Das Evangelium hat eine große Veränderung in diesem Volk bewirkt. Sie sind friedlicher, was ihre Nachbarvölker bemerken. Die Frohe Botschaft hat sich auch im vergangenen halben Jahr, während wir im Heimatdienst in Deutschland und der Schweiz unterwegs gewesen sind, weiter verbreitet.

DUBE BOBAS NEUE KIRCHE

April 2000. In den vergangenen Monaten haben wir von unserem Camp in Dogono aus das Evangelium weiter in den Süden getragen. Dabei kam unser Team auch nach Okote, wo eine Quelle entspringt – eine der wenigen übrig gebliebenen Wasserstellen der Gudschis. Weil die Trockenzeit länger als in anderen Jahren anhält, sind viele Wasserstellen ausgetrocknet. Nun ziehen die Gudschis mit ihrem Vieh zu den wenigen Plätzen wie Okote, wo es noch Wasser gibt.

Für unsere Reise dorthin können wir die Hälfte der Strecke das Auto benutzen, den Rest des Weges legen wir zu Fuß zurück. Asefa, einer unserer Evangelisten, sagt den Menschen in Okote von Jesus weiter. Eines Tages wird der Sohn vom Dorfhäuptling Dube Boba krank. Die Gudschis sind sich einig, dass diese Krankheit von Dämonen verursacht worden ist, also suchen sie Hilfe beim Zauberdoktor – ein verhängnisvoller Fehler. Auf dem Weg zum Zauberer stirbt der Junge. Das bringt den angesehenen alten Mann ins Nachdenken. Er kommt zu Asefa und sagt: »Ich brauche dringend die Vergebung meiner Sünden, ich will dem lebendigen Gott dienen. Damit der Gott, der Himmel und Erde gemacht hat, sieht, dass ich es wirklich ernst meine, baue ich ihm gleich hier, neben unserer Wasserquelle, eine Kirche.«

Dube Boba ist ein reicher Mann. Er hat eine große Familie: zwei Frauen und 16 Kinder. Einige Arbeiter hüten seine 200 Rinder und die große Ziegenherde. Zum Transport von Lebensmitteln besitzt er fünf Esel und zwei Kamele. Er hält sein Versprechen. Und während Dube Boba und seine Leute die Kirche bauen, kommen weitere Nachbarn und Dorfbewohner zum Glauben an Christus. Als sie nach einigen Wochen gemeinsam die große Rundhütte mit Gras bedecken und einweihen, gibt es in Okote bereits 15 Familien, die Jesus nachfolgen. Wir staunen über das, was Gott unter den Gudschis tut. Kaum jemand kann lesen und schreiben. Sie sind ein Volk von Hirten und einfachen Leuten, die in der Wildnis leben. Doch das helle Licht des Evangeliums leuchtet mitten in ihre Finsternis hinein und verändert Menschen und Situationen grundlegend.

Gleichzeitig tut es uns weh, wie die Menschen und Tiere abgemagert, müde, durstig und hungrig versuchen durchzuhalten, bis der lang ersehnte Regen wiederkommt.

IMMER WIEDER ENTTÄUSCHT

September 2000. In den Nächten werden wir immer wieder durch Schreie aus dem Schlaf gerissen. Vom nahe gelegenen Galana-Fluss hören wir Laute, die wie das Heulen von Hyänen klingen, wenn sie einen Kadaver gefunden haben. An lautes Geschrei in der Nacht haben wir uns längst gewöhnt, doch meistens wird vorher geschossen. Dann wissen wir, dass mal wieder irgendwo Diebe eingebrochen sind oder ein Streit ausgetragen wird. Aber dieses Geschrei ist außergewöhnlich und wiederholt sich mehrere Nächte immer zur gleichen Zeit.

Wir fragen unsere Nachbarn nach dem Grund. Sie staunen über unsere Unkenntnis: »Wisst ihr denn nicht, was die Menschen hier glauben? Wenn man sich im Pagume gegen zwei Uhr nachts im Galana-Fluss badet, dann wird man doch von allen Sünden des vergangenen Jahres rein gewaschen.« Das ist also die Ursache. Pagume ist der 13. Monat des äthiopischen Kalenders, der immer auf die erste Septemberwoche fällt. Deshalb also das laute Geschrei in der Nacht. Selbst viele Christen halten weiter an solchen heidnischen Bräuchen fest. Offensichtlich müssen wir ihnen deutlicher aufzeigen, wo die Unterschiede zwischen der biblischen Botschaft und ihren Traditionen liegen. Nur so können sie erkennen, dass Jesus ihnen jederzeit die volle Vergebung aller Sünden anbietet, wenn sie ihm vertrauen und im Gebet ihre Schuld bekennen. Eigentlich bräuchten sie keine nächtlichen Opferriten zur Sündenvergebung mehr. Wir nehmen uns vor, in unserem Bibelunterricht und in Predigten näher auf dieses Thema einzugehen.

Stehlen ist ein anderes Übel, in das viele Gudschis verstrickt sind. Über die Jahre mussten wir uns immer wieder mit Räubern auseinandersetzen. Während der Arbeit an einer Straße fehlten am Abend zehn Schaufeln. Glücklicherweise fanden wir sie später in einem Gebüsch wieder.

Leider geht es nicht immer so gut aus. Einmal, als wir gerade vom Heimataufenthalt nach Äthiopien zurückgekehrt waren, trauten wir unseren Augen kaum: Die Haustür war in zwei Teile gespalten und das Innere unserer Wohnung völlig verwüstet. Die Diebe hatten unsere Schränke und Regale leergefegt. Was sie nicht mitgenommen hatten, lag zerbrochen und wüst auf dem Boden herum, als ob ein Tornado durchs Haus gewirbelt wäre. Vor dem Heimataufenthalt hatten wir die Schlüssel vom Gartentor Gemeindemitgliedern gegeben. Sie versprachen uns, auf unser Haus aufzupassen. Als wir sie zur Rede stellten, zuckten sie nur mit den Schultern: »Der Schlüssel ging verloren. Darum konnten wir halt nichts machen.« So etwas ist ernüchternd.

Aus Sicherheitsgründen deponieren wir im Hauptquartier unserer Mission in Addis Abeba immer eine Reisetasche mit Kleidern und Schuhen. Das war unsere Rettung. So hatten wir außer dem, was wir an uns trugen, noch eine kleine Reserve.

Oft werden wir von Gudschis enttäuscht. Wir beten um viel Liebe für sie, selbst wenn sie uns enttäuschen. Ist uns Jesus nicht ein großes Vorbild gerade darin? Er betete sogar für seine Feinde. Unter Schmerzen rief er am Kreuz aus: »Vater, vergib diesen Menschen, denn sie wissen nicht, was sie tun« (Lukas 23,34). Nur wenn wir die Gudschis wirklich lieben, können sie Gottes Liebe erkennen. Wir lernen hier täglich neu, auf Jesus zu sehen, der solche Dinge zulässt, damit unser Leben umgestaltet und seinem Vorbild ähnlicher wird.

GEDANKEN UNTERWEGS

Advent 2000. Ich (Edith) bin alleine unterwegs und werde von einem Sturm überrascht. Die Fahrt ist beschwerlich. Überall nur noch Morast. Die Scheibenwischer schaffen es kaum mehr, den Regen beiseitezuschieben. Dann bleibe ich mit meinem Auto im Schlamm stecken. Während ich abwarte, dass der Regen endlich nachlässt, habe ich Zeit, diese Zeilen zu schreiben und über das Jahr 2000 nachzudenken. Gott hat uns so oft bewahrt und immer wieder selbst in scheinbar ausweglosen Situationen weitergeholfen …

Der Regen hält an. Irgendwann lasse ich das Auto schließlich stehen und mache mich zu Fuß auf den Weg, damit ich vor Anbruch der Dunkelheit doch noch nach Hause komme. Gerhard ist gerade in der nördlichen Gudschi-Region unterwegs und kann mir nicht zu Hilfe eilen, ich muss alleine zurechtkommen. Also mache ich mich auf den dreistündigen Fußmarsch – mal gehend, mal rutschend, im strömenden Regen. Ich muss an die biblische Weihnachtsgeschichte denken. An Maria, wie sie den beschwerlichen Fußweg nach Bethlehem und später nach Ägypten auf sich genommen hat, damit die Vorhersagen der Propheten in Erfüllung gehen konnten. Nässe, Regen und Schlamm … Dennoch beginne ich Gott unterwegs dafür zu danken. Denn der lang ersehnte Regen ist ein Geschenk. Er hat die Hungersnot unter den Gudschis ein wenig gelindert.

März 2001. Bei unseren Fahrten zu christlichen Gemeinden begleiten uns schon seit Monaten jedes Mal schwer beladene Autokolonnen mit Weizen für die verarmte Bevölkerung. Das Ende des Notstandes ist durch die anhaltende Hitzewelle weiter in die Ferne gerückt. Unsere Straßen, die wir im Lauf der Jahre angelegt haben, retten heute Tausenden Hungernden das Leben. Im Tiefland ist der Mangel an Wasser noch schlimmer als im vergangenen Jahr. Wir helfen, wo wir können.

Unsere Evangelisten treffen sich alle zwei Monate, um sich gegenseitig zu ermutigen und über ihre Einsatzorte abzusprechen. Sie haben entschieden, dass sie ihre neuen Gemeinden im Tiefland in dieser Notzeit auf keinen Fall alleine lassen wollen. Auch die Bibelschullehrer in den vier Schulen im Tiefland wollen ihren Unterricht weitermachen. Diese mutigen, opferbereiten Entscheidungen erfrischen unseren Dienst und motivieren auch uns selbst wieder. Freude bereiten uns auch die fünf Glaubenskonferenzen in verschiedenen Gudschi-Bezirken, zu denen Tausende kommen. Hunderte Neubekehrte lassen sich taufen. Und immer mehr Christen und Gemeindechöre aus Nachbarstämmen wagen sich zu den Gudschi-Konferenzen. Es kommt zu einer Aussöhnung und Frieden zwischen verschiedenen Volksgruppen – eine unerwartete und schöne Entwicklung.

Zu unseren Glaubenskonferenzen kommen Tausende von Menschen!

DAJASUS OPFER ...

Juni 2001. Das Gudschi-Land ist wieder grün geworden, und der Mais steht schon kniehoch. So wechseln sich Freud und Leid hier ab. Viele haben für Regen gebetet und geben nun Gott die Ehre für die Erhörung. Einmal im Monat sammeln die Gemeinden für ihre Evangelisten, die in noch unerreichten Regionen zum Predigen unterwegs sind. Jeder gibt, was er kann: Mais, ein Huhn, Eier, Butter und Milch. Dajasu bringt ein Kalb nach vorne, was für ein Geschenk für Gott.

Dajasu und Lello sind ein armes Ehepaar. Aufgrund der anhaltenden Trockenheit in den vergangenen Jahren besaßen sie am Ende nur noch eine einzige Ziege. Damals gingen sie vor Gott auf die Knie und baten ihn um Hilfe. Es bewegt uns, wie Gott ihre Gebete erhört hat:

Erst haben sich ihre Ziegen sichtbar vermehrt. Bald schon können sie die Ziegen gegen eine Kuh eintauschen. Aus Dankbarkeit, wie der Herr sie gesegnet hat, legen sie ein Gelübde ab: Das erste Kalb ihrer Kuh soll Gott gehören. Groß ist die Freude, als ein Kalb geboren wird. Voll Liebe für den Herrn ziehen sie es heran. Doch dann kommt eine schwere Prüfung ihres Glaubens: Dajasus Kuh stirbt sieben Monate vor dem zweiten Kalben. Sollen sie ihr Gelübde trotzdem einhalten? Sie bleiben dabei und bringen ihr Kalb in die Gemeinde. Während sie ihr einziges übrig gebliebenes Haustier streicheln und es im Gottvertrauen den Ältesten überlassen, erzählen sie der Gemeinde unter Tränen, was der Herr für sie getan hat. Alle sind tief bewegt über ihren Glauben.

Dajasu dient dem Herrn als Prediger in Golbo, drei Tage Fußmarsch von seiner Heimatgemeinde entfernt im unwegsamen Tiefland, wo Malaria und Tropenkrankheiten an der Tagesordnung sind. Wir danken Gott für Gudschi-Christen wie ihn und seine Frau Lello, die Gott fest vertrauen.

DAS EVANGELIUM IN DER GUDSCHI-OROMO-SPRACHE

September 2001. Im Gudschi-Land hört man nach langer Notzeit endlich wieder fröhliches Singen. Die Maisernte ist in vollem Gange und eine gute Kaffeeernte steht vor der Tür. Süßkartoffeln und Kürbisse gehören endlich wieder zu den sonntäglichen Opfergaben in den christlichen Gemeinden. Die Haustiere erholen sich gut, es gibt hier und da sogar wieder Milch für die Kinder, die besonders unter der Hungersnot gelitten haben.

Am 10. September 2001 hat das äthiopische Jahr 1994 begonnen. Mit den Worten: »Möge das neue Jahr dir Frieden, Gesundheit und Erfolg bringen!«, wünschen sich viele Äthiopier in diesen Tagen eine gute Zukunft. Uns freut besonders, dass die Bibelübersetzung in die Gudschi-Oromo-Sprache einen wichtigen Schritt vorangekommen ist: Vergangene Woche konnte das Markusevangelium fertiggestellt und für den Druck freigegeben werden. Wir beten, dass dieses wichtige Bibelbuch von vielen Gudschis gelesen wird und ihr Leben verändert. Auch den biblischen Unterricht für die Gudschis konnten wir ausbauen: Zu den fünf Bibelschulen, die eine zweijährige Ausbildung vermitteln, haben wir nun in Bio und in Gwangwa noch je eine weiterführende Schule eröffnet. Aus anderen Stammesgebieten hat man uns mehrere gute Lehrer dafür zur Verfügung gestellt. Wir hoffen, dass sich diese neue Zusammenarbeit zum Segen für die inzwischen mehr als 60 Gudschi-Gemeinden entwickelt. Heute gibt es Tausende von Gudschi-Christen, aber noch viel zu wenig gut ausgebildete Bibellehrer, das soll sich ändern.

Im August haben sich im Einflussgebiet unserer Evangelisten 321 Menschen für Jesus entschieden, es ist gewaltig, wie Gott hier handelt. Übrigens: Unser Mitarbeiter Dajasu und seine Frau Lello sind dem Herrn und lieben Freunden in Deutschland sehr dankbar, die nach unserem letzten Brief Spenden für eine neue Kuh überwiesen haben. So hat Gott sie in ihrem Verzicht reich gesegnet. Der Generalsekretär der Gudschi-Gemeinden meinte, dass Dajasus neue Kuh ein wirklich schönes Tier sei …

WIE GOTT SEIN HAUS BAUT

Dezember 2001. Einmal im Monat treffen sich mehrere Gemeinden unserer Gegend, um zusammen das Abendmahl zu feiern. Jede Gemeinde bringt mindestens einen Chor mit, das verspricht über Stunden fröhlichen Gesang in der einmaligen Art der Gudschis. Heute ist wieder so ein Sonntag. Gemeinsam preisen wir den Herrn für den ausgiebigen Regen und dafür, dass alles wieder wächst. Ich predige über die Geschichte vom reichen Grundbesitzer, der eine besonders gute Ernte eingebracht hat. (Lukas 12,16-21). Die Gudschis sind sehr angesprochen. Sollten sie, wie dieser Grundbesitzer, nur an sich selbst denken, ihre eigenen Häuser bauen und es sich gut gehen lassen? Während das Gemeindehaus, in dem sie sich versammeln, längst zu klein und baufällig ist?! Oder ist es an der Zeit, ein neues, größeres Gotteshaus zu bauen? Was sich nun ereignet, berührt unsere Herzen:

Ein Bruder steht auf und sagt: »Ich spende einen Sack frisch geernteten Kaffee als meinen Beitrag zum neuen Gemeindehaus.« Das löst eine Kettenreaktion aus, die nicht mehr abbrechen will. Eine Frau verspricht Gott ein Kalb, vier andere Frauen je ein Huhn. Manche wollen Zement spenden, andere Holz und Bretter für die Fenster und Türen beibringen. Fürs Dach kommen 31 Wellbleche zusammen. An alles denken sie. Zwischendurch bekennen Christen ihre Sünden und bringen Verfehlungen und Zwist untereinander wieder in Ordnung. Sie beten für Kranke und legen Gelübde ab. Ein einmaliger Gottesdienst voller Wunder.

Nach der Versammlung hören wir, dass die Ältesten in der Nacht zuvor entschieden haben, uns Missionare um Hilfe für ein neues Haus zu bitten. Wir staunen nicht wenig über unseren Gott, wie er eingegriffen und den Gudschis auf so ganz andere, unerwartete Weise geholfen hat. Der Geist Gottes lässt seine Gemeinde hier wachsen und selbstständig werden. Wenn Gott redet, geschieht Großes. Wir kommen ins Nachdenken: Wie lange brauchen die Gudschis unsere Hilfe überhaupt noch?

BINORA

März 2002. Im vergangenen Monat sind wir viel unterwegs gewesen und haben Christen im Süden besucht. Auf einer dieser Reisen begegnen wir Binora. Seine Geschichte fasziniert uns:

Binora wächst in einem vom Evangelium unerreichten Gebiet auf. Sein Vater ist der Häuptling dieses Volkes. Immer wieder bringt er dem Sonnengott, den sie in dieser Gegend anbeten, Opfer dar. In der Macht dieses Gottes vollbringt er sogar Wunder. Seine Untergebenen leben wie er tief verwurzelt in Geisterglaube und Ahnenkult. Sie bringen ihrem Häuptling Opfer dar und verehren ihn selbst wie einen Gott. Binoras Vater hat 21 Frauen und 61 Kinder.

Als Binora ein kleiner Junge ist, bricht einmal eine schwere Epidemie aus. Seine Mutter und sieben Schwestern sterben. Er selbst bleibt todkrank zurück. Sein Vater ist verzweifelt. Er weiß in seiner tiefen Trauer nicht, ob sein Haupterbe die Epidemie überleben wird. In dieser Zeit gibt er seinem geliebten Sohn den Namen Binora, was übersetzt heißt: »Wenn er lebt.«

Binora wird gesund. Eines Tages, bereits als Teenager, flieht er weit weg von seinem Vater in einen größeren Ort, denn er will eine Schule besuchen. Während der kommunistischen Revolution wird er als Sohn des Häuptlings verfolgt. Unter schwierigsten Umständen gelingt ihm die Flucht über den Sudan nach Kanada, wo er in Toronto eine gute Ausbildung erhält. Hier schließt sich Binora einer äthiopischen Gemeinde an und findet zum Glauben an Jesus Christus. Doch der Gedanke an seinen Vater und an sein Volk lassen ihn nicht zur Ruhe kommen.

1992 entsendet ihn seine kanadische Gemeinde für sechs Monate als Missionar in seine ehemalige Heimat. Aus den sechs Monaten werden sieben Jahre. Der Empfang in seiner Heimat ist überwältigend. Binora ist dazu bestimmt, das Amt seines Vaters zu übernehmen. Er soll der neue Häuptling sein. Alle, besonders sein Vater, freuen sich, dass er nach so langer Zeit noch lebt. Und dass er, ein Mann von Welt,

Besuch bei Binora

in ihr einfaches Leben zurückkehrt. Doch als Binora von seinem Glauben an Christus erzählt, baut sich starker Widerstand auf. Binora weigert sich, das Amt seines Vaters mit all den dazugehörigen okkulten, ja oft grausamen Praktiken zu übernehmen. Es ist unfassbar für die Dorfgemeinschaft, dass der Sohn ihres Häuptlings Amt und Würde seines Vaters aufgrund seines Glaubens ablehnt. Binora jedoch weiß sich in den Dienst eines höheren Häuptlings gestellt. Er ist zuallererst Kind und Erbe seines himmlischen Vaters. In dieser äußerst schwierigen Situation versucht er, Jesus treu zu bleiben.

Er setzt sich mit allen Kräften für das Wohl der Dorfgemeinschaft ein, errichtet Schulen und kümmert sich um die medizinische Versorgung der Kranken. Jahre vergehen, bis sein Vorbild in Wort und Tat auch das Herz seines Vaters bewegt. Eines Tages wendet sich der Häuptling unter großen inneren Kämpfen dem lebendigen Gott zu. Es ist ein Freudentag für Binora und der große Durchbruch des Evangeliums in seinem Volk. Inzwischen ist in Binoras Heimat eine christliche Gemeinde entstanden, in der der Häuptling und sein Sohn eine führende Rolle spielen. Vor drei Wochen trafen wir Binora zum ersten Mal an einem kleinen Bach in seinem Heimatort. An diesem Tag bezeugten 120 Menschen bei einer beeindruckenden Tauffeier ihren Glauben an Jesus Christus. Für viele von ihnen ist die Bibel heute Maßstab ihres Handelns. Binora – es ist wunderschön, was Gott aus einem Menschen macht, der sich ihm ganz zur Verfügung stellt.

VOM ZAUBERER
ZUM PREDIGER

Juli 2002. Als wir uns am Samstag erneut auf den Weg in Richtung Süden machen, hängen dichte Regenwolken am Himmel. Ob wir diesmal wohl ohne Ketten an den Reifen durch den Schlamm kommen werden? Die Sorge ist unbegründet. Kurz nachdem wir von der guten Straße abbiegen, verziehen sich die Wolken. Es bleibt trocken und die Wege sind befahrbar. Aufgrund von Stammesunruhen können wir leider unser eigentliches Ziel nicht ansteuern. Für unseren Mitarbeiter Gutala ist das kein Problem. Er sagt kurz entschlossen: »Lass uns doch zu der neuen Gemeinde da drüben in den Bergen gehen. Die Christen dort brauchen Ermutigung.«

Auf dem Weg dorthin kommen wir auch an der Gemeinde in Hunkunkura vorbei. Ruuga, einer der Verantwortlichen dieser Gemeinde, ist besorgt über den Zustand der Pfade in ihrer Gegend. Er veranlasst eine Gruppe junger Männer, uns mit Buschmessern den Weg zu bahnen. Wir kommen zwar nur langsam voran, doch der Empfang in der Gemeinde ist herzlich. Wir richten unser Auto zum Übernachten her, denn es ist schon fast dunkel. Als wir am nächsten Morgen erwachen, sind die Christen aus dem Dorf schon fleißig dabei, ein provisorisches Blätterdach für den Gottesdienst herzurichten. Sie wissen, dass die Nachricht über unser Kommen sich schnell verbreiten und ihr Graskirchlein viel zu klein sein wird.

Bulise ist ein ehemaliger Zauberer, der sich ganz bewusst von seinem alten Leben abgewandt hat und heute Jesus verkündigt. Er kommt von einer zwei Stunden entfernten Nachbargemeinde. In seiner Einleitung zum Gottesdienst erklärt er: »Seht, liebe Geschwister, genauso wie wir von unserem Besuch überrascht und erfreut worden sind, wird uns unser Herr Jesus Christus eines Tages überraschen, wenn er wiederkommen und seine Gemeinde zu sich holen wird. Sind wir bereit, wenn Jesus kommt?« Daraufhin darf ich predigen. Meine Verkündigung wird durch lebensnahe Berichte der Afrikaner aus ihrem Alltag mit Gott unterstützt. Auf die Frage, wie sie Christen geworden sind, erzählen einige frei heraus, wie Jesus sie aus großer Sündennot gerettet und oft auch von schweren Krankheiten geheilt hat.

Durch ihre Worte wird deutlich, wie Gott die Gebete unserer Freunde in der Heimat erhört. Sie beten dafür, dass die Frohe Botschaft über die Berge und Täler des Gudschi-Landes weitergetragen wird und Menschen verändert. Gott handelt und viele Menschen werden frei. Selbst in Gegenden, wo wir nie selbst hingekommen sind.

BLUTRACHE

Dezember 2002. Im alten Israel gab es für Totschläger Asyl-städte. Bei den Gudschis, wo immer noch die Blutrache ausgeübt wird, konnten solche Probleme bis vor Kurzem nur vom Stammeskönig gelöst werden. Die Versöhnungs-zeremonien sind mit vielen Tieropfern verbunden, sodass manche Gudschis dabei verarmen oder gar nicht erst die Möglichkeit dazu haben, versöhnt zu werden. Darunter leiden viele Menschen unsäglich. Das Evangelium jedoch bringt immer mehr Licht bis in die dunkelsten Gegenden im Gudschi-Land. Die Versöhnung durch Jesus Christus er-fasst auch immer mehr Menschen am Abaya-See, weit weg von jedweder Zivilisation. Wenn Gudschis aus irgendei-nem Grund flüchten müssen, dann finden sie rund um den Abaya-See Unterschlupf. In einer der Siedlungen dort gibt es heute eine christliche Gemeinde mit mehr als 300 Mit-gliedern.

Vor einiger Zeit bricht in der Nähe von Leddo ein hef-tiger Streit aus. Es geht um einen Mord. Man ruft die Äl-testen der dortigen Gemeinde zu Hilfe. Sie erklären vor der versammelten Bevölkerung, dass Tieropfer zur Versöhnung heute nicht mehr nötig sind, weil Jesus vor 2 000 Jahren das eine vollkommene Opfer für die Schuld aller Menschen dar-gebracht hat. Mit vielen Worten reden sie eindrücklich von Gottes Liebe und ermutigen die beiden Streitparteien, das Geschenk der Erlösung im Glauben an Jesus Christus anzu-nehmen und sich wieder zu vertragen. Als am Ende des Ta-ges die Bluträcher versöhnt sind, findet ein großes Fest statt.

Diese neue Versöhnungsmöglichkeit, mithilfe des himm-lischen statt des irdischen Königs, hat sich schon weit herumgesprochen und wird immer mehr in Anspruch genommen. Viele hier merken, wie der Einfluss des Evangeliums, das wir in ihr Land getragen haben, die Menschen zum Guten verändert. Auf einer Fahrt zurück nach Bio treffen wir einen einflussreichen Gudschi-Ältesten. Als wir uns wieder von ihm verabschieden, meint er: »Ihr habt unser Land zum Guten verändert. Vielen Dank.« Wir wissen: Nicht wir, sondern Jesus selbst hat den Gudschis zu neuem Leben verholfen und aus Liebe zu ihnen Fluch in Segen verwandelt. Wir beten, dass Gott uns auch weiterhin zu solchen Menschen führt, die sich nach wirklicher Erlösung sehnen.

SCHMERZLICHER ABSCHIED

März 2003. Viele Gudschis gehören heute zu jenen Menschen, von denen Gott sagt: »Ich war für die erreichbar, die nicht nach mir fragten. Ich war für die zu finden, die nicht nach mir suchten. ›Hier bin ich! Hier bin ich!‹, rief ich zu einem Volk, das sich nicht an meinen Namen wandte« (Jesaja 65,1). Es ist schon eine große Sache, die Erfüllung dieses Wortes im Leben vieler Gudschis zu sehen. Dafür hat sich alle Mühe gelohnt. Wir haben unser Leben für dieses früher sehr kriegerische Volk eingesetzt – und es war nicht umsonst.

Noch vor einem Jahr dachten wir, dass wir ihnen wohl noch für eine lange Zeit dienen könnten, doch leider mussten wir unsere Pläne ändern. Immer wieder litt ich an Herzproblemen. Schließlich hat die Feldleitung der Mission beschlossen, dass wir an einem Einsatzort arbeiten sollen, wo für den Fall eines Herzinfarkts schnellere Hilfe als im Inland von Äthiopien möglich wäre. Es ist uns sehr schwer gefallen, uns von den Christen in Äthiopien, denen wir nun 35 Jahre gedient haben, zu verabschieden. In der langen Zeit sind wir ihnen in vielen Dingen ähnlich geworden. Freude und Leid haben wir mit ihnen geteilt.

Abschied

Wir haben nicht nur miterlebt, wie die ersten Gudschis neues Leben in Jesus gefunden haben, sondern auch, wie ihre Gemeinden gewachsen und selbständig geworden sind, und in anderen Orten immer wieder neue Gemeinden gegründet haben. Heute sind etwa vierzigtausend der 200 000 Gudschis vom Galana-Abaya-Gebiet überzeugte Christen. In den Bibelschulen arbeiten heute gute Lehrer, und engagierte Evangelisten tragen die Frohe Botschaft weiter ins Gudschi-Land hinaus. Auch in der Klinik in Bio sind gut ausgebildete, gläubige Gudschis angestellt, die den medizinischen Dienst selbstständig weiterführen. Unser Vater im Himmel, der alle 12 775 Tage unserer Arbeit in Äthiopien vorausgeplant hat, hat von Anfang an auch schon den 14. März 2003 gekannt, an dem wir nun das geliebte Land verlassen müssen. Gott wollen wir auch für die Zukunft vertrauen.

Manchmal werden wir gefragt, wie es uns möglich gewesen ist, so lange im Inland Äthiopiens, tief im Busch, zu arbeiten. Es stimmt, die Umstände waren nicht immer einfach. Trotzdem ist diese Frage leicht zu beantworten: Gott hat uns hierher gestellt. Das war unser Lebensprogramm. Und er war bei uns! Jeden Tag. Wenn ich heute auf die vergangenen 70 Jahre meines Lebens zurückblicke, kann ich nur staunen: Gott hat alles gut gemacht, auch wenn er uns manchmal raue Wege geführt hat. Er hat mich getragen, wie ein Vater seinen Sohn trägt, und uns nie verlassen. Ihm allein sei die Ehre.

ANHANG

Kleine Geschichte Äthiopiens

Die Königin von Saba

Paläontologen bezeichnen Äthiopien als die »Wiege der Menschheit«, denn dort sind die ältesten Menschenknochen gefunden worden. Wer sich mit der Geschichte Äthiopiens befasst oder sie gar selbst zum Teil miterlebt hat, kann das großartige Handeln Gottes in diesem afrikanischen Land nicht übersehen. Es fasziniert, wie Gott in den vergangenen 3 000 Jahren hier Geschichte geschrieben hat.

Nach der Überlieferung beginnt es mit dem bekannten Bericht über den Besuch der Königin von Saba beim jüdischen König Salomo, der auch in der Bibel (1. Könige 10) zu finden ist.

Äthiopische Historiker berichten manches über ihre Herrschaft und den Reichtum dieser Königin. Sie soll von König Salomo einen Sohn empfangen haben, der bis zum zwölften Lebensjahr in Jerusalem erzogen worden sei. Dieser habe als Menelik I. den Thron seiner Mutter in Axum (bzw. Aksum) übernommen. Selbst Kaiser Haile Selassie (1892-1975) hat sich noch als ein Nachkomme von Menelik gesehen.

Durch ihn soll auch der jüdische Glaube nach Äthiopien gekommen sein. Davon zeugen die Fallaschas, eine Gruppe Äthiopier im Gebiet von Mayshew und Alamata, 500 Kilometer nördlich von Addis Abeba. Jahrhundertelang verteidigten sie ihren jüdischen Glauben. Vor einigen Jahren emigrierten viele von ihnen nach Israel.

Das Christentum wird Staatsreligion

In der biblischen Apostelgeschichte (Kap. 8) lesen wir von einem Schatzmeister der Königin Äthiopiens, der nach Jerusalem reiste, um im Tempel Gott anzubeten. Philippus, ein Jünger von Jesus, hat ihn zum Glauben geführt, sodass er sich taufen ließ. Durch Menschen wie ihn kam bereits in den ersten Jahrhunderten unserer Zeitrechnung das Evangelium nach Äthiopien. Historische Berichte erzählen, dass der Evangelist Matthäus der Apostel der Äthiopier gewesen sein soll. Er habe das Evangelium nach Axum gebracht und den damaligen König getauft. Später sei er in Äthiopien als Märtyrer gestorben.

250 Jahre später führte Gott zwei begabte junge Männer, Frumentius und Ädesius, auf abenteuerliche Weise an den Königshof in Axum. Sie erhielten für ihr Können und Wissen hohe Anerkennung. Frumentius fand zum christlichen Glauben durch einen Nachfolger des bekehrten Schatzmeisters oder durch Anhänger von Matthäus. Bald kamen auch sein Bruder und die Söhne des Königs zum Glauben an Christus. Frumentius reiste nach Alexandrien, um sich vom Patriarchen Athanasius zum Bischof von Äthiopien weihen zu lassen. Er arbeitete mit großem Segen und wurde Abba Salama, Vater des Friedens, genannt. Mit ziemlicher Sicherheit ist anzunehmen, dass durch seine Arbeit bereits im Jahr 332 das Christentum in Äthiopien zur Staatsreligion ernannt wurde.

Um 451 n. Chr. spaltete sich die Kirche durch Lehrstreitigkeiten in Alexandrien und die daraus resultierenden Machtkämpfe zwischen den Kirchenführern, und die geistliche Kraft der Gemeinden wurde zerstört. Um 470 kamen neun syrische Mönche nach Axum und übersetzten die Bibel in die damalige äthiopische Kirchensprache, ins Ge-ies.

Etwa um 1050 n. Chr. wurde die Regierung der salomonischen Königslinie durch das Volk der Zagues unterbrochen. Sie bekämpften das Christentum. Damals entstanden die berühmten in den Felsen gehauenen Kirchen bei Lalibela als Schutz und Versteck für Christen. 1270 wurden die Zagues wieder entthront und die salomonische Regierungslinie erneuert. Durch den Einsatz des Äthiopiers Takla Haymanot kamen viele Menschen zum lebendigen, christlichen Glauben. Doch nach seinem Tod verflachte diese Bewegung leider wieder. Das ganze 14. Jahrhundert war erfüllt mit den Abwehrkämpfen gegen die Moslems, die Nordafrika überrannt hatten und auch Äthiopien erobern wollten. Aber König Amda Seyon konnte sein Land mit Gottes Hilfe vor der islamischen Gefahr bewahren. Ab 1493 gab es Kontakte mit portugiesischen Entdeckern und eine militärische Zusammenarbeit; Versuche einer katholischen Missionierung scheiterten jedoch.

Die ersten evangelischen Missionare

Um 1634 kam der erste evangelische Missionar, Peter Heyling, ein Arzt aus Lübeck, als Reisebegleiter des Abuna Markos nach Äthiopien. Er sprach mehrere Sprachen und übersetzte das Johannesevangelium in Amharisch, die Umgangssprache in Äthiopien. Das große Problem war nur, dass kaum jemand in Äthiopien lesen konnte, selbst die meisten Priester nicht. 1837 landete der deutsche Entdecker und Missionar Ludwig Krapf aus Stuttgart-Korntal im äthiopischen Hafen Massaua. Auch die Lutherische Mission engagierte sich in Äthiopien, aber ihre Mitarbeiter wurden grausam verfolgt. 1840 belegte ein koptischer Oberpriester die evangelischen Missionare mit dem Bann. Sie mussten das Land wieder verlassen. Missionar Krapf konnte noch bis 1843 in Äthiopien arbeiten.

1866 wagte eine schwedische evangelische Mission einen weiteren Versuch, das Hirtenvolk der Galla mit dem Evangelium zu erreichen. Auch sie hatten nur wenig Erfolg, denn die Malaria und die Giftpfeile der Einheimischen bereiteten ihrem Leben bald ein Ende.

Die evangelische Chrischona-Mission war seit ihrer Gründung 1840 an einer Missionsarbeit in Äthiopien interessiert. Ihr erster Missionar, Martin Flad, betrat 1855 äthiopischen Boden, andere folgten. Zunächst fanden sie für die Verkündigung des Evangeliums offene Türen vor. Durch außenpolitische Probleme jedoch wurden die Missionare mit anderen Weißen in der Festung Magdala gefangen gesetzt. Später befreite der englische General Napier sie. Martin Flad gelang es, ein Exemplar der alten Übersetzung der äthiopischen Bibel in die Schweiz mitzubringen, wo Tausende Exemplare davon gedruckt und mit 84 Kamelladungen nach Äthiopien transportiert wurden. Sechsmal reiste Flad nach Äthiopien. 1922 erhielt sein Sohn eine Einreiseerlaubnis, er führte die Arbeit seines Vaters weiter.

Haile Selassie wird als Kaiser gekrönt

Unter Menelik II., Ende des 19. Jahrhunderts, blühte das Land wieder auf. Sein Nachfolger Haile Selassie wurde 1930 zum Kaiser gekrönt. Er hatte in seiner Jugend eine Schule der Jesuiten besucht und war auch schon nach England gereist.

Die koptisch-orthodoxe Kirche, die mehr an politischer Macht und ihrer Liturgie interessiert war, hatte inzwischen ihren Einfluss ausgebaut. Sie beherrschte etwa ein Drittel des Landes und versuchte mit allen Mitteln, ihre Macht neben der des Kaisers zu vergrößern. Mit aller Härte bekämpfte sie andere Glaubensrichtungen. Man versuchte, jeden Ansatz evangelischer Mission zu unterbinden, obwohl ein Drittel des Landes Muslime und ein Drittel Anhänger von Naturreligionen waren.

Kaiser Haile Selassie sah die Missionsarbeit positiv, weil er den sozialen Einsatz der Missionare schätzte. Nach langen Verhandlungen durften die Chrischona-Mission, Hermannsburger Mission und andere Organisationen in verschiedenen Landesteilen wieder arbeiten. Sie sollten aber keine direkte Verkündigung tun, sondern alle Arten von Hilfsprojekten aufbauen. Oft hetzten die örtlichen Vertreter der koptischen Kirche die Einwohner gegen die Missionare auf. Darüber gibt es viele erschütternde Berichte.

1909 begann Dr. Thomas Lambie von der American United Presbiterian Mission mit dem Bau eines Krankenhauses in Addis Abeba. Später sah er die Notwendigkeit eines zweiten Krankenhauses in der südlichen Provinz Sidamo. Er nahm Kontakt auf zur »Sudan Inland Mission« (SIM), einer internationalen Glaubensmission, die bereits in vielen Ländern tätig war. Haile Selassie gab ihm 1927 die Genehmigung für den Bau und die Leitung des Krankenhauses in Soddo. Während des Krankenhausbaus kamen mehrere Menschen zum Glauben. Sie litten schwer unter der Verfolgung durch die animistische Bevölkerung und die Schamanen ihres Volkes. Das Evangelium breitete sich aus wie ein Buschfeuer. Die Christen wanderten etliche Kilometer, um Gemeinschaft zu erleben und Gottes Wort zu hören. Eines Tages bekehrte sich ein gefürchteter Sklavenhändler. Durch ihn wuchs die Gemeinde zusehends. Am 10. Dezember 1933 ließen sich die ersten zehn Christen in Soddo taufen. Da der Kaiser der Missionsarbeit positiv gegenüberstand, konnten weitere Missionare ins Land einreisen. Bis 1935 baute die SIM zehn Missionsstationen mit Schulen und Kliniken auf. Die SIM war später eine wichtige Partnerorganisation der 1951 gegründeten Deutschen Missionsgemeinschaft (DMG); in ihren Stationen in Äthiopien sollten nach dem Zweiten Weltkrieg ab 1953 zahlreiche DMG-Missionare tätig werden.

Invasion der Italiener

Am 2. Oktober 1935 überfiel Italien mit seiner modernen Armee Äthiopien von seinen Kolonien Eritrea und Somalia aus. Die Italiener wollten ihre Kolonialmacht in Afrika festigen. Sie töteten unzählige Menschen, besonders in Addis Abeba. Auch den äthiopischen Christen fügten sie massive Schäden zu. Brutal ermordeten sie den ägyptischen Erzbischof Abuna Petros sowie 200 Mönche des Klosters Debre Libanon. Eine der SIM-Missionsstationen bombardierten sie, dabei wurden zwei Missionare getötet. Zwischen Februar und April 1936 mussten viele Missionare evakuiert werden. Alles Missionseigentum wurde beschlagnahmt. Im August 1938 verließ der letzte SIM-Missionar das Land.

Der Kaiser brachte sich im Mai 1936 in Sicherheit. Ein Deutscher half ihm bei seiner Flucht nach Aden, Missionare brachten ihn später nach England. Als 1939 der Schrecken des Zweiten Weltkrieges den Erdkreis erschütterte, lebte der äthiopische Kaiser Haile Selassie im englischen Exil. Dort lud man ihn zu einer Glaubenskonferenz in Keswick ein, bei der er sich für ein Leben mit Christus entschieden hat.

Da Italien auf der Seite Deutschlands in den Krieg eingetreten war, sah der im Exil lebende Kaiser eine Chance für die Befreiung seines Landes durch die Engländer. Die äthiopische Bevölkerung wurde durch Radiosendungen und Flugblätter zum Widerstand gegen die Besatzungsmacht und zur Unterstützung der angreifenden englischen Truppen aufgerufen. Am 5. Mai 1941 zog der Kaiser mit den englischen Truppen wieder in Addis Abeba ein. Als er die Regierung wieder fest in der Hand hatte, befahl er, dass in den Schulen das Johannesevangelium und die Psalmen in den Lehrplan mit aufgenommen werden sollten.

Die ersten Mitarbeiter der DMG

Kurz nach dem Zweiten Weltkrieg bat der Kaiser auf einer internationalen Konferenz um neue Missionare für sein Land. Als man für diese Missionare mehr Sicherheit einforderte, ließ er antworten, dass er nur an solchen Missionaren interessiert sei, die unter dem Schutz und im Auftrag Gottes kommen. Auf Reisen durch sein Land hörte der Kaiser immer wieder von Übergriffen der koptisch-orthodoxen Priester gegen die Protestanten und Katholiken. Eines Tages ordnete er ganz bewusst Religionsfreiheit für ganz Äthiopien an.

Im Lauf der Zeit kehrten die Missionare der inzwischen 15 SIM-Missionsstationen nach Äthiopien zurück. Neue kamen dazu. Einige davon auch über die DMG, beispielsweise: Sr. Lydia Höfflin, Bruno und Martha Herm, Evelyn Kühl (später Herm), Hans und Brigitte Hagen, Gottfried und Eva Liebenau, Christraude Weber-Ott, Frauke Johannsen, Dr. Dietrich und Ruth Schmoll, Sr. Lydia Beck (später Schmoll) und andere. Dietrich Schmoll ist 2009 sogar das deutsche Bundesverdienstkreuz am Bande verliehen worden, weil er in Äthiopien mehr als 10 000 Leprakranken geholfen und eine groß angelegte Hungerhilfeaktion ins Leben gerufen hat.

Kommunistische Machtübernahme

Im Januar 1974 streikte die Luftwaffe. Als im Februar durch die Ölkrise der Benzinpreis von 50 auf 95 Cent stieg, streikten auch die Taxifahrer, es folgte eine große Streikwelle. Die Armee, die inzwischen kommunistisch durchsetzt war, verlangte mehr Lohn und bessere Verpflegung, es kam zur Revolution. Zunächst übernahm die Armee die Regierung, der Kaiser wurde abgesetzt. Die Maoisten in der Armee forderten die Revolutionsleitung auf, alle Offiziere aus feudalen Kreisen zu erschießen, um eine reine Arbeiterarmee zu schaffen. Die Revolutionsleitung verlangte dafür jedoch ordentliche Gerichtsverhandlungen für die Einzelnen, da keiner unschuldig erschossen werden sollte. Daraufhin ermordeten die Maoisten in einer Nacht die gesamte Revolutionsleitung und rissen die Macht an sich. Der Kaiser wurde verhaftet und später umgebracht.

Gegen die Herrschaft der Maoisten stellten sich dann die russisch gesteuerten Kommunisten. Es kam zu monatelangen Kämpfen, bei denen morgens bis zu 200 Ermordete, meist Studenten, in den Straßen von Addis Abeba lagen. Den von Russland gesteuerten Kommunisten gelang es eines Nachts, 59 Mann der maoistischen Führung zu töten und die Macht wieder zu übernehmen. Der neue Diktator, Mengistu Haile Mariam, errichtete eine grausame Diktatur.

Der Niedergang der Kommunisten

In den 1980er-Jahren gab es verschiedene Dürrekatastrophen, Missernten und Hungersnöte, die durch die ineffektive zentralistische Planwirtschaft noch weiter verschärft wurden. Viele Menschen verhungerten, das führte zu lokalen Volksaufständen und leitete den Kollaps des marxistischen Regimes ein. Anfang der 90er-Jahre hatten sich Partisanengruppen im von Äthiopien annektierten Eritrea geeinigt und die »Eritreische Befreiungsfront« gebildet, ihnen schlossen sich oppositionelle Äthiopier an. 1991 eroberten die Aufständischen den Versorgungshafen Assab. Auf der großen Tiefebene bei Dekamare stellte sich ihnen eine Übermacht äthiopischer Panzer entgegen, die jedoch geschlagen wurde. Zehn Tage später hatten die Aufständischen Addis Abeba erobert. Regierungschef Mengistu Haile Mariam war geflohen.

Offene Türen für die Mission

Durch die Flucht Haile Mariams war die Macht der Kommunisten endgültig gebrochen. Eine neue Regierung wurde eingesetzt. Die Verfolgung der evangelischen Christen endete, denn auch die koptische Kirche hatte an Macht verloren. Unter der neuen Regierung herrschte echte Religionsfreiheit. Viele Missionare kamen wieder nach Äthiopien zurück und halfen beim Wiederaufbau des Landes und der Gemeinden.

In den vergangenen 30 Jahren ist die Zahl der evangelischen Christen in Äthiopien gewaltig gewachsen. Ehepaar Bössler beispielsweise hat im Gudschi-Land diese bewegte Zeit miterlebt (siehe auch idea-Artikel unten). Viele Menschen kamen zum Glauben. Es ist ein Wunder, was Gott getan hat: Große Kirchen sind entstanden. In Gebieten, wo es zuvor nur Anhänger von Naturreligionen gab, trifft man heute auf Hunderte lebendige Gemeinden und zahllose Christen.

Neben der äthiopisch-orthodoxen Kirche mit etwa 34 Millionen Anhängern sind die Kale-Haywot-Kirche (»Wort des Lebens«-Kirche) mit sieben Millionen und die Mekane-Yesus-Kirche (»Der Ort, an dem Jesus wohnt«-Kirche) mit fünf Millionen Christen die größten Verbände.

Die bekannteste dieser äthiopischen Kirchen, die Kale-Haywot-Kirche, ist von SIM-Missionaren gegründet worden. Sie zählte 1943 rund 100 Gemeinden und mehrere Tausend Gläubige. Auch die Verfolgung durch die orthodoxe Staatskirche und ab 1978 durch die Kommunisten und das Mengistu-Regime konnte die Ausbreitung des christlichen Glaubens nicht verhindern. 1995 gehörten zur Kale-Haywot-Kirche bereits rund 3 800 Gemeinden, im Jahr 2010 waren es 7 714 Gemeinden mit 3,3 Millionen Mitgliedern und 6,5 Millionen Gottesdienstbesuchern. Sie ist eine der besonders dynamischen Kirchen Afrikas und sendet heute selbst aktiv Missionare in andere Völker und Kulturen aus, beispielsweise in den Sudan und nach Pakistan. Geistliche Aufbrüche und bewusste Bekehrungen gibt es auch in der uralten koptisch-orthodoxen Kirche. Mitarbeiter vor Ort berichten von einem großen Interesse an der Bibel und einer zunehmenden Offenheit für die Zusammenarbeit auch mit evangelischen Christen. Menschen finden zum Glauben.

Von 1998 bis 2000 tobte ein blutiger, erbitterter Grenzkrieg mit Eritrea, der viele junge Männer das Leben kostete und die wirtschaftliche Entwicklung Äthiopiens behinderte; dieser Konflikt trug jedoch auch zur Einheit des Landes im Schmerz bei. Der Grenzverlauf bei Badme ist bis heute umstritten.

60 Jahre Deutsche Missionsgemeinschaft (DMG)

Dieses Jahr feiert die DMG ihr 60-jähriges Jubiläum. Es ist uns eine große Freude, wie reich Gott die soziale Hilfe und Missionsarbeit verschiedener Organisationen und unserer eigenen Mitarbeiter in Äthiopien im Lauf der Zeit gesegnet hat – einige der ersten DMG-Missionare wie Liebenaus, Herms und später Bösslers haben durch soziale und medizinische Hilfe sowie Verkündigung zu diesem großartigen Gemeindewachstum beigetragen. Wir beten, dass noch viele Menschen in Äthiopien neues Leben in Jesus finden. Und dass die äthiopischen Christen weiterhin ein Vorbild für ihren gelebten Glauben sind und viele Menschen für Jesus begeistern.

Hans Hagen / Theo Volland

Beschreibung der Arbeit unter den Gudschis
aus der Zeitschrift »idea-spektrum«, Nr 5/1993:
Ein Artikel von Edith und Gerhard Bössler:

Stärker als der Zauberer

Erfahrungen eines Missionarsehepaars in Äthiopien

Die Gudschis sind ein kriegerisch veranlagtes, wildes Volk. cirka 200 000 Menschen gehören zu diesem Stamm, der seit der Revolution der Oromos zum Volk der Gallas gehört. Es ist Teil ihrer Kultur, dass Menschen eines anderen Stammes getötet werden. Zum einen, damit man ein Held wird und eine »Heldentat« vollbracht hat, zum anderen aus kultischen Gründen. So werden den Toten oftmals Innereien oder Gliedmaßen abgetrennt, die dann im Kultus Verwendung finden. Aufgrund dieser Grausamkeiten ist kein Äthiopier bereit, in diesem Stamm zu leben und dort zu arbeiten. Die von der Regierung entsandten Lehrer laufen oft weg. Die Gudschis wollen ihre Kinder aber auch nicht zur Schule schicken. Die Kinder sollen auf die Kühe aufpassen. Das war schon immer so.

Gerhard und Edith Bössler, Missionare der Deutschen Missionsgemeinschaft (DMG), sind mit der SIM und der »Wort des Lebens«-Kirche im Süden Äthiopiens tätig. Im Rahmen seiner Arbeit in anderen Stämmen musste Gerhard Bössler immer wieder das Gebiet der Gudschis durchqueren. So entstanden noch vor der kommunistischen Revolution 1973 erste Kontakte, und einzelne Gudschis aus den Randgebieten kamen zum Glauben. Es wurde dem Ehepaar aber mit der Zeit deutlich, dass ein Durchbruch in diesem bislang unerreichten, animistischen Stamm nur möglich wäre, wenn man sich direkt im Stammesgebiet niederlassen könnte, um von dort aus die Gudschis mit dem Evangelium zu erreichen.

Das Ehepaar versuchte festzustellen, was in diesem Landstrich am meisten fehlte und was als Anlass dienen könnte, dort tätig zu werden. Man kam zu dem Schluss, dass eine medizinische Arbeit, der Beginn einer kleinen Klinik, der beste Weg sein könnte, unter den gegebenen Umständen einen Anfang zu wagen. Doch nach den entmutigenden Jahren zuvor war die SIM im Jahre 1978 nicht mehr bereit, eine neue Klinikarbeit zu beginnen. Zu viele Missionare hatten das Land verlassen müssen, sollte man es wirklich wagen? Als die SIM schließlich bereit dazu war, waren die politischen Verhältnisse so, dass die Regierung keine privaten Kliniken mehr zuließ. Man musste abwarten, bis eine neue gesetzliche Grundlage für private Kliniken geschaffen wurde. Erst im Dezember 1985 war es soweit. Ein Vertrag zwischen der Mission und der Regierung konnte abgeschlossen werden. Mit diesem Vertrag musste man dann von Instanz zu Instanz reisen und alles prüfen lassen, bis er die letzte Hürde im Januar 1986 genommen hatte und unsere Arbeit in Bio beginnen konnte.

Doch das war nicht erst der Beginn der Arbeit unter den Gudschis. Gerhard Bössler hatte schon einige Jahre vorher begonnen, immer wieder mit einem umgebauten Landrover ins Gudschi-Land hineinzufahren, um die Menschen zu erreichen. In den Randgebieten konnten Einzelne für Jesus gewonnen werden. 1982 gründete er eine kleine Bibelschule, um sie als Evangelisten auszubilden. Aufgrund der politischen Bestimmungen konnten diese Evangelisten aber nicht ihren Wohnbezirk verlassen und in anderen Stammesgebieten arbeiten. Eine Möglichkeit bot sich mit dem Beginn des Straßenbaus ab Januar 1986. Da die Straße in mehreren Abschnitten gleichzeitig gebaut wurde, benötigte Gerhard Bössler Aufseher. Diese Aufgabe wurde den Evangelisten anvertraut. Auf diese Weise konnten sie neben ihrer Tätigkeit im Straßenbau auch das Wort verkündigen. Entlang der neuen Straßen entstanden kleine Gemeinden, die sich in Hauskreisen trafen.

Um an das Herz der Menschen zu gelangen, hatte Gott einen besonderen Weg eingeschlagen.

Vor etwa 50 Jahren hatte ein angesehener Gudschi eine Vision, die seither im Volk lebendig war. Diese hatte folgenden Inhalt: »Es wird eines Tages eine Straße am Himmel gebaut und ein weißer Mann mit einem Pferd wird kommen, das kein Gras frisst. Er wird euch ein Buch bringen, das die Wahrheit enthält ... dem glaubt.« Sie wussten um den einen wahren Gott, für den sie auch einen Namen hatten: Waka.

Nun hatte vor einigen Jahren die äthiopische Regierung den Luftkorridor für Flüge nach Kenia neu bestimmt, sodass die Flugzeuge eines Tages plötzlich über das Stammesgebiet der Gudschis flogen. Die Kondensstreifen waren für die Gudschis die Straße am Himmel. Gerhard Bössler hatte damals die Gelegenheit, mit einem Hubschrauber der schweizerischen »Heli-Mission« aus der Luft die beste Trasse für die neu zu bauende Straße zu finden. Das war mit dem Helikopter am einfachsten, weil das Land sehr bergig ist. Als sie landeten, war das für die Einheimischen »das Pferd, das kein Gras frisst«. Die Bibel war für die Gudschis das Buch, von dem in der Vision die Rede war. So war diese Vision für die Gudschis erfüllt und eine Bereitschaft zur Annahme des Evangeliums gegeben.

Die Zeit des Wartens hatte Gerhard Bössler genutzt, um festzustellen, wo ein geeigneter Platz sei, um eine Missionsstation aufzubauen. Das von ihm ausgewählte Land war noch nicht genutzt, sodass man keine Ansässigen vertreiben musste. Einige Kilometer entfernt waren mehrere Quellen auf einem Berg. Eine davon fasste man ein und verlegte eine Wasserleitung nach Bio, damit es dort heute keine Was-

serprobleme gibt. Durch das natürliche Gefälle sind keine
Pumpe und kein Motor notwendig, die Station ist ener-
gieunabhängig.

Edith und Gerhard Bössler
Die Veröffentlichung erfolgt mit freundlicher Genehmigung
von ideaSpektrum *– dem christlichen Wochenmagazin.*

Melanie Keppler

Pelze, Tee und vier Babuschkas

Geschichten aus dem Herzen
eines sibirischen Dorfes

Taschenbuch, 12 x 19 cm, 208 S.
Nr. 395.236, ISBN 978-3-7751-5236-5

Ein trostloser Verbannungsort im Herzen Sibiriens. Melanie
Keppler begegnet dort den vom harten Leben gezeichneten
Dorfbewohnern: Mördern, Alkoholikern, Invaliden. Zum
Beispiel Viktor, auf den das alles zutrifft. Gibt es für ihn
Hoffnung? Oder Tamara, die nicht weiß, wo sie geboren
wurde. Nach Jahren hört sie zum ersten Mal, dass jemand
sie liebt. Olegs Leben nimmt in einem Mafia-Auto eine
unerwartete Wende. Packende Lebensberichte, die zeigen:
Bei Gott gibt es keine hoffnungslosen Fälle!

Bitte fragen Sie in Ihrer Buchhandlung nach diesem Buch!
Oder schreiben Sie an: SCM Hänssler, D-71087 Holzgerlingen;
E-Mail: info@scm-haenssler.de; Internet: www.scm-haenssler.de

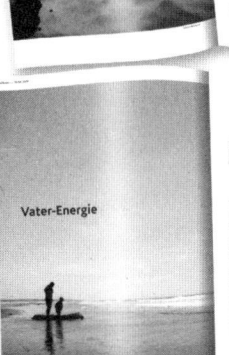